Quick Guide

Reihe herausgegeben von
Springer Fachmedien Wiesbaden
Wiesbaden, Deutschland

Quick Guides liefern schnell erschließbares, kompaktes und umsetzungsorientiertes Wissen. Leser erhalten mit den Quick Guides verlässliche Fachinformationen, um mitreden, fundiert entscheiden und direkt handeln zu können.

Wolfram Grünkorn

Quick Guide Markteinstieg in Vietnam

Rahmenbedingungen, Rechtswesen und Steuerrecht für den erfolgreichen Geschäftsaufbau

Wolfram Grünkorn
8th Floor TMS Building
Grünkorn & Partner Law Co., Ltd.
Ho Chi Minh City, Vietnam

ISSN 2662-9240 ISSN 2662-9259 (electronic)
Quick Guide
ISBN 978-3-658-41118-3 ISBN 978-3-658-41119-0 (eBook)
https://doi.org/10.1007/978-3-658-41119-0

Die Deutsche Nationalbibliothek verzeichnet diese Publikation in der Deutschen Nationalbibliografie; detaillierte bibliografische Daten sind im Internet über http://dnb.d-nb.de abrufbar.

© Der/die Herausgeber bzw. der/die Autor(en), exklusiv lizenziert an Springer Fachmedien Wiesbaden GmbH, ein Teil von Springer Nature 2023
Das Werk einschließlich aller seiner Teile ist urheberrechtlich geschützt. Jede Verwertung, die nicht ausdrücklich vom Urheberrechtsgesetz zugelassen ist, bedarf der vorherigen Zustimmung des Verlags. Das gilt insbesondere für Vervielfältigungen, Bearbeitungen, Übersetzungen, Mikroverfilmungen und die Einspeicherung und Verarbeitung in elektronischen Systemen.
Die Wiedergabe von allgemein beschreibenden Bezeichnungen, Marken, Unternehmensnamen etc. in diesem Werk bedeutet nicht, dass diese frei durch jedermann benutzt werden dürfen. Die Berechtigung zur Benutzung unterliegt, auch ohne gesonderten Hinweis hierzu, den Regeln des Markenrechts. Die Rechte des jeweiligen Zeicheninhabers sind zu beachten.
Der Verlag, die Autoren und die Herausgeber gehen davon aus, dass die Angaben und Informationen in diesem Werk zum Zeitpunkt der Veröffentlichung vollständig und korrekt sind. Weder der Verlag noch die Autoren oder die Herausgeber übernehmen, ausdrücklich oder implizit, Gewähr für den Inhalt des Werkes, etwaige Fehler oder Äußerungen. Der Verlag bleibt im Hinblick auf geografische Zuordnungen und Gebietsbezeichnungen in veröffentlichten Karten und Institutionsadressen neutral.

Planung/Lektorat: Irene Buttkus
Springer Gabler ist ein Imprint der eingetragenen Gesellschaft Springer Fachmedien Wiesbaden GmbH und ist ein Teil von Springer Nature.
Die Anschrift der Gesellschaft ist: Abraham-Lincoln-Str. 46, 65189 Wiesbaden, Germany

Vorwort

Vietnam wird oft genannt als Standortalternative zu China. Das mag in manchen Fällen zutreffen, greift aber zu kurz. Vietnam ist ein sich schnell entwickelndes Land mit 100 Mio. Einwohnern. Deutschsprachige Unternehmen genießen ein sehr hohes Ansehen, viele Türen stehen ihnen offen.

Je nach Gemütslage hat der Europäer beim ersten Besuch in Vietnam den Eindruck, nahe dem Paradies zu sein – oder aber im Chaos unterzugehen. Vietnamesen begegnen Fremden mit sehr ausgeprägter und ehrlicher Freundlichkeit. Gelegentlich lässt sich ein Besucher dadurch verleiten, die geschäftlichen Angelegenheiten nicht so genau zu nehmen. Das führt in der Regel zu Problemen.

Der auch heute noch oftmals angebotene Weg, geschäftliche Angelegenheiten ohne den eigentlich geforderten bürokratischen Aufwand über Beziehungen zu befördern, bedeutet zumeist Korruption. Korruption ist nicht nur sittlich verwerflich, sie ist auch sehr riskant. Zudem wird der europäische Partner dafür geschätzt, dass er korrekt und professionell arbeitet. Dieser Vorzug sollte nicht leichtfertig zerstört werden.

Wer sich auf die Besonderheiten Vietnams einlässt, wird insbesondere durch die sehr hohe Motivation der Mitarbeiterinnen und Mitarbeiter belohnt. Diese wollen durch die Arbeit in einem europäisch geführten

Unternehmen lernen und sich qualifizieren. Die gestellten Aufgaben zu erledigen ist in der Regel ein Herzensanliegen aller Mitarbeiterinnen und Mitarbeiter.

www.lawyer-vietnam.com

Ho Chi Minh City, Vietnam Wolfram Grünkorn
im Frühjahr 2023

Inhaltsverzeichnis

1	**Einführung**	1
2	**Investieren in Vietnam**	5
2.1	Niederlassungen und Tochterunternehmen	5
	2.1.1 Einführung	5
	2.1.2 Gesellschaft mit beschränkter Haftung	7
	2.1.3 Andere Unternehmensformen	16
	2.1.4 Geschäftsaufnahme des Unternehmens	16
	2.1.5 Vertragliche Kooperation	20
2.2	Das Rechtswesen	20
	2.2.1 Zivilrecht	20
	2.2.2 Gerichtswesen	20
	2.2.3 Arbeitsrecht	21
	2.2.4 Die Beschäftigung von Ausländern in Vietnam	25
	2.2.5 Immobilienrecht	27
	2.2.6 Schutz des geistigen Eigentums	28
2.3	Freihandelsabkommen	28
	2.3.1 Für Vietnam geltende Freihandelsabkommen	28
	2.3.2 Das EU – Vietnam Freihandelsabkommen	30

2.4		Der Ort der Investition	32
2.5		Beschränkungen und Kontrollen	32
	2.5.1	Währung	32
	2.5.2	Einsatz ausländischen Kapitals in Vietnam	33
	2.5.3	Probleme bei Nichteinhaltung der das Kapital betreffenden Vorschriften	40
	2.5.4	Rückführung von ausländischem Kapital	41

3 Markteintritt 43
3.1 Grundlagen 43
3.2 Vietnamesische Geschäftskultur 45
3.3 Gestaltungsmöglichkeiten 47
3.3.1 Vertrieb ohne Präsenz in Vietnam 47
3.3.2 Repräsentationsbüro 48
3.3.3 Joint Venture 48
3.3.4 100 % ausländisch gehaltene Präsenz 48
3.3.5 Management 49

4 Einführung in das Steuerrecht 51
4.1 Körperschaftsteuer 52
4.1.1 Steuersubjekt 52
4.1.2 Umfang der Steuerpflicht nach dem Ort der Registrierung 53
4.1.3 Steuerjahr 53
4.1.4 Berechnung der Körperschaftsteuer 54
4.1.5 Steuerbefreiung 70
4.1.6 Verlustvortrag 71
4.1.7 Steuersatz und steuerliche Anreize 71
4.1.8 Vermeidung einer Doppelbesteuerung 75
4.1.9 Steuerverwaltung 76
4.1.10 Gewinnausschüttung 78
4.2 Einkommensteuer 78
4.2.1 Überblick 78
4.2.2 Steuerpflicht 79
4.2.3 Steuerlicher Wohnsitz 80

	4.2.4	Steuerjahr	80
	4.2.5	Steuerbares Einkommen	81
	4.2.6	Steuerbares Einkommen und Steuersatz	84
	4.2.7	Steuerverwaltung	88
	4.2.8	Besondere Überlegungen zur Entsendung von Mitarbeitern	89
4.3	Umsatzsteuer		90
	4.3.1	Überblick	90
	4.3.2	Steuerpflicht	90
	4.3.3	Steuererstattung	99
	4.3.4	Steuerverwaltung	99
4.4	Quellensteuer für ausländische Geschäftstätigkeit		100
	4.4.1	Keine zusätzliche Steuer	100
	4.4.2	Einführung	101
	4.4.3	Steuerpflichtige Tatbestände	103
	4.4.4	Methoden der Besteuerung	106
	4.4.5	Befreiung nach dem Doppelbesteuerungsabkommen	116
4.5	Steuer auf grenzüberschreitende digitale Wirtschaftstätigkeit		117
4.6	Sonstige Steuern		118
	4.6.1	Spezielle Verbrauchssteuer	118
	4.6.2	Zölle	120
4.7	Prüfung von Verrechnungspreisen		123

5 Projektgeschäft — 125

5.1	Allgemeines		125
5.2	Rechtliche Rahmenbedingungen		126
5.3	Bauleistungen		126
	5.3.1	Die Genehmigung zur Vertragsdurchführung	127
	5.3.2	Das Baubüro	127
5.4	Personaleinsatz in Vietnam		128
	5.4.1	Arbeitserlaubnis und Befreiungen	128
	5.4.2	Quellensteuer	129

1

Einführung

> **Was Sie aus diesem Kapitel mitnehmen**
> - Hinweise zum Entwicklungsstand Vietnams.
> - Das Selbstverständnis Vietnams als souveräne Nation.
> - Das Grundverständnis der ausländischen Investition.

Der Standort Vietnam (siehe Abb. 1.1) ist zunehmend interessant für europäische Unternehmen. Seit der Öffnung der Sozialistischen Volksrepublik Vietnam für den Welthandel und dem Beitritt zur Welthandelsorganisation ist schon einige Zeit vergangen.

Vietnam hat sich rasant entwickelt und verfolgt das Ziel bis 2050 ein entwickeltes Land mit hohem Einkommen zu sein. Das ist ehrgeizig, kennzeichnet aber die Entwicklungsrichtung und die Erwartungen der vietnamesischen Bevölkerung. Der Nationale Masterplan 2021–2030 mit einem Ausblick auf 2050[1] ist die Richtschnur für die nationale Politik. Bis 2030 soll der Status eines Landes mit einem Durchschnittsein-

---
[1] https://www.mpi.gov.vn/en/Pages/tinbai.aspx?idTin=56439.

Abb. 1.1 Landkarte Vietnam. © Peter Hermes Furian/stock.adobe.com

kommen in der oberen Mittelklasse erreicht sein. Dies ist gekennzeichnet durch ein Jahreseinkommen von über 3995 USD.[2] 2019 waren dies etwa 2250 USD.[3] Bedingt durch die im Zusammenhang mit COVID-19 verhängten Restriktionen, ist das Einkommen in den Jahren 2020 und 2021 etwas gesunken.

Im April 2023 hat Vietnam die Einwohnerzahl von 100 Mio. überschritten. Mit 331,699 km^2 ist Vietnam kaum kleiner als Deutschland mit 357.592 km^2.

Hinsichtlich aktueller Daten kann auf die Informationen der Weltbank[4] verwiesen werden. Auch die Statistikbehörde der Regierung von Vietnam stellt Daten zur Verfügung.[5]

Vietnam ist für europäische Unternehmen interessant als Absatzmarkt sowie als Standort für Produktion. Viele Unternehmen bemühen sich um einen Standort außerhalb von China und auch in diesem Zusammenhang ist Vietnam ein interessanter Standort.

Staatliche Souveränität hat für Vietnam eine große Bedeutung. Das Land hat eine lange Geschichte der Unterdrückung durch ausländische Mächte und hat sich im Laufe der Jahrhunderte immer wieder gegen fremde Einflüsse und Unterdrückung gewehrt.

Die Unabhängigkeit Vietnams und die Wiederherstellung der staatlichen Souveränität und Einheit sind für das Land von großer Bedeutung. Es hat viele Anstrengungen unternommen, um seine territoriale Integrität zu sichern und seine Entwicklung unabhängig von ausländischen Einflüssen voranzutreiben.

In der Außenpolitik Vietnams, hat die Souveränität einen hohen Wert, und das Land strebt eine ausgewogene Beziehung mit anderen Ländern an, basierend auf Respekt, gegenseitigem Nutzen und Nichteinmischung in die inneren Angelegenheiten. Vietnam lehnt Bündnisse mit einem Land ab, die gegen ein anderes Land gerichtet sind.

---

[2] https://www.oecd.org/dac/transition-finance-toolkit/LMIC-to-UMIC.pdf.
[3] https://www.statista.com/statistics/1021888/vietnam-average-monthly-income-per-capita/.
[4] https://data.worldbank.org/country/VN.
[5] https://www.gso.gov.vn/en/homepage/.

Insgesamt betrachtet, ist die staatliche Souveränität für Vietnam ein wichtiger Faktor für die nationale Identität, die Unabhängigkeit und die Entwicklung des Landes.

Diese Grundhaltung prägt auch die Regelungen, welche ausländische Investitionen in Vietnam betreffen. Im Gegensatz zum Innenverhältnis der EU herrscht keine Freiheit des Kapitalverkehrs und auch keine Niederlassungsfreiheit. Ausländische Investitionen sind eine Einflussnahme, die willkommen ist, wenn sie nützlich ist und den eingegangenen internationalen Verpflichtungen entspricht.

Vietnam ist gegenüber fremden Kulturen sehr offen. Vietnamesen sind in aller Regel sehr freundlich und aufgeschlossen.

Ihr Transfer in die Praxis

- Berücksichtigen Sie, dass die Wahrung nationaler vietnamesischer Interessen für Vietnamesen eine Selbstverständlichkeit ist, die keiner besonderen Erwähnung bedarf.
- Freiheit und Unabhängigkeit sind auch für die Familie und den Einzelnen wichtig.
- Die Äußerung von Respekt für die Leistungen und die Wertungen der vietnamesischen Partner ermöglicht es, eigene Anforderungen und Kritik zu benennen.

2

Investieren in Vietnam

> **Was Sie aus diesem Kapitel mitnehmen**
> - Eine Übersicht über die Rechtsformen der Investition und wie die hauptsächlich eingesetzte GmbH zu handhaben ist.
> - Die Funktionsweise des Rechtswesens und des Arbeitsrechts.
> - Die Bedeutung der Freihandelsabkommen
> - Welche Bedeutung die Kapitalverkehrskontrollen und -beschränkungen haben.

2.1 Niederlassungen und Tochterunternehmen

2.1.1 Einführung

Eingeschränkte Freiheit grenzüberschreitender Investitionen
Während Europa bereits weitgehend von der Freiheit der grenzüberschreitenden Investition, von der Freiheit der Bewegung des Kapitals geprägt ist, folgt Vietnam einem gänzlich anderen Grundverständnis.

Obwohl hier wie dort das Grundverständnis Einschränkungen unterliegt, ist es doch bedeutsam, dieses zu kennen.

In Vietnam wird ausländische Investition als eine Einflussnahme aus dem Ausland verstanden, die allerdings meistenfalls eindeutig begrüßt wird. Gleichwohl behält sich der Staat die Genehmigung dieser ausländischen Intervention vor. Soweit die ausländische Investition sich im Rahmen von internationalen Verpflichtungen Vietnams bewegt, verbleibt noch die formale Prüfung der Einhaltung der Voraussetzungen. In jedem Fall wird daher geprüft, ob die Genehmigung des Vorhabens internationalen Verpflichtungen Vietnams bzw. deren Umsetzung in nationale Rechtsvorschriften entspricht. Immer wird mehr oder weniger direkt hinterfragt, ob das Vorhaben den Interessen Vietnams entspricht.

Das ausländische Unternehmen in der vietnamesischen Wirtschaft
Sofern das ausländische Unternehmen in Vietnam tätig sein möchte, bedarf es einer staatlichen Genehmigung. Diese ist nicht erforderlich, sofern nur Waren nach Vietnam verkauft werden. Bei der Erbringung von Dienstleistungen kommt es auf den Charakter und die Struktur der Dienstleistungen an.

Die Erbringung von Dienstleistungen an einen vietnamesischen Partner ist weitgehend frei. Besondere Dienstleistungen wie Bau- und Versicherungsleistungen, Ausbildung etc. bedürfen ggf. besonderer Erlaubnisse.

Verträge, welche die Erbringung von Dienstleistungen beinhalten, unterliegen i. d. R. der Quellensteuer für ausländische Unternehmen.

Verträge, welche Bauleistungen beinhalten, erfordern in Gänze eine staatliche Genehmigung. Der ausländische Unternehmer muss hierzu ein Projektbüro einrichten und dieses registrieren lassen.

> **Praxistipp**
> Für eine dauerhafte Wirtschaftstätigkeit in Vietnam ist eine entsprechende dauerhafte Registrierung von Vorteil.

Dauerhafte Registrierung in Vietnam
Der ausländische Unternehmer kann die Registrierung einer rechtlich unselbstständigen Einheit betreiben, wie einer Niederlassung oder eines Repräsentationsbüros, oder aber die Registrierung einer Tochtergesellschaft.

Die gängigste Form der ausländischen Investition ist die Errichtung einer GmbH. Hierauf soll etwas ausführlicher eingegangen werden. Die Grundprinzipien sind bei anderen Investitionsformen wiederzufinden.

2.1.2 Gesellschaft mit beschränkter Haftung

Der eigentlichen Registrierung der GmbH geht im Falle einer ausländischen Investition deren Genehmigung voraus.

Genehmigung der ausländischen Investition
Für die Genehmigung der ausländischen Investition müssen Angaben über den ausländischen Unternehmer gemacht werden. Insbesondere seine Kapitalkraft, seine einschlägigen fachlichen Erfahrungen und das Vorhaben als solches sind exakt zu beschreiben.

2.1.2.1 Der ausländische Unternehmer

Um in den Genuss der Begünstigungen zu kommen, welche sich aus dem Beitritt Vietnams zur Welthandelsorganisation ergeben, muss das investierende Unternehmen in einem Mitgliedstaat der Welthandelsorganisation registriert sein. Die Einschaltung von Holdinggesellschaften, die z. B. in Singapur oder Hongkong registriert sind, ist in Vietnam akzeptiert. Deren Sitz sollte aber auch in einem Vertragsstaat der Welthandelsorganisation sein. Anstelle der sich aus dem Beitritt zur Welthandelsorganisation ergebenden Rechte kann auch eines der vielen Freihandelsabkommen Vietnams in Bezug genommen werden. Die Begünstigungen können aber nicht kumuliert werden.

Der ausländische Unternehmer sollte einige Erfahrung in dem Bereich der geplanten Investition vorweisen können.

Das Kapital
Das vietnamesische Recht sieht keinen Mindestbetrag für das Stammkapital einer GmbH vor, sofern diese nicht bestimmten Geschäftszwecken dient.

Allerdings muss die Kapitalausstattung in einem angemessenen Verhältnis zu dem beabsichtigten Vorhaben stehen. Die Genehmigungsbehörde muss also erkennen, dass das durchzuführende Projekt ausreichend mit Kapital ausgestattet ist. Das anzugebende Investitionskapital unterteilt sich in das Stammkapital und die vorgesehenen langfristigen Darlehen mit einer Laufzeit von über einem Jahr.

> **Praxistipp**
> Die Erstellung eines Businessplans im Rahmen des Antrages auf Erteilung der Investitionslizenz ist nicht gesetzlich vorgeschrieben, aber sehr sinnvoll und sollte als eine der ersten Vorbereitungshandlungen erfolgen. Der Berater kann anhand bestimmter Branchen-Erfahrungswerte hier Hilfestellung geben. Eine Unterkapitalisierung führt zu Rückfragen seitens der Behörde und zu erheblichen Verzögerungen.

Es wird späterhin nicht geprüft, ob das Projekt entsprechend der Daten des Businessplans umgesetzt worden ist. Dieser dient allein der Plausibilität des Antrages sowie selbstverständlich auch der internen Kontrolle des Vorhabens.

Der Antrag auf Genehmigung des Investitionsvorhabens muss aussagen, welches Stammkapital die GmbH haben soll. Dieses ist binnen 90 Tagen ab erfolgreicher Registrierung der Gesellschaft auf ein besonderes Kapitalkonto der errichteten Gesellschaft einzuzahlen. Von diesem kann es aber sofort auf das Geschäftskonto transferiert und für geschäftliche Ausgaben verwendet werden. Es ist für die üblichen Geschäftszwecke in keiner Weise blockiert.

Die Vorschriften des Investitionsrechts sind hinsichtlich des Stammkapitals nicht sorgfältig mit den Buchhaltungsvorschriften abgestimmt. Dies führt öfters zu Missverständnissen und Unstimmigkeiten in der Konzernrechnungslegung. In dem Antrag auf Erteilung der Investitionserlaubnis ist die ausländische Investition in ausländischer Währung anzugeben. Die Genehmigung enthält dann die Verpflichtung, diesen Betrag in ausländischer Währung auf das Stammkapital einzuzahlen. Ebenfalls ist bereits im Antrag ein korrespondierender Wert in Dong anzugeben. Dafür wird ein zum Zeitpunkt der Antragstellung gegebener Wechselkurs verwendet. Diese Angabe des Stammkapitals in Dong wird dann von der Investitionserlaubnis in die Unternehmensregistrierung übernommen. Tatsächlich gibt sie aber nicht den Wert des Stammkapitals wieder. Das Stammkapital ist in Dong auszudrücken und dieser Wert ergibt sich aus der Anwendung des relevanten Wechselkurses am Tag der Gutschrift der ausländischen Investition. Dieser Wert wird fast immer etwas von dem bei Antragstellung ermittelten Wert abweichen. Der exakte Wert des Stammkapital ergibt sich also aus der Buchhaltung und dem festgestellten Jahresabschluss.

Buchhaltung und Jahresabschluss müssen in Dong gefertigt werden. Manche Unternehmen lassen sich für Konzernzwecke einen Jahresabschluss in ausländischer Währung fertigen und setzen dort das Stammkapital mit dem Betrag der Investitionsverpflichtung an. Das ist sachlich nicht richtig und führt bei entsprechender Entwicklung des Wechselkurses u. U. zu einer erheblichen Abweichung von der tatsächlichen Sachlage.

Eine Erhöhung des Stammkapitals oder des Rahmens der langfristigen Darlehen ist nur im Rahmen eines Antrages auf Änderung der Investitionslizenz möglich. Diese Änderung ist aufwendig.

Die genehmigten langfristigen Darlehen mit einer Laufzeit von einem Jahr oder mehr dürfen und können nur bis zu der genehmigten Höchstgrenze der GmbH zufließen. Ob diese vom Mutterhaus oder einer Bank oder einem dritten Unternehmen gewährt werden, ist ohne Belang.

Jedes langfristige Darlehen ist zudem bei Abschluss und vor Ausreichung des Kreditbetrages bei der Staatsbank Vietnams zu registrieren.

Kurzfristige Darlehen mit einer Laufzeit von unter einem Jahr können frei vereinbart werden, sie müssen aber innerhalb der Laufzeit zurückgezahlt werden. Die Vereinbarung einer Laufzeitverlängerung verändert den Charakter des Darlehens zu einem Langfristdarlehen und es unterfällt den genannten Beschränkungen. Ist ein solches Langfristdarlehen nicht bei der Staatsbank registriert oder überschreitet es den genehmigten Rahmen für Langfristdarlehen, kann es nicht zurückgezahlt werden. Die Heilung einer solchen Rechtsverletzung ist nicht einfach.

Die Verwendung des Kapitals unterliegt strikten Berichtspflichten und wird zunehmend streng kontrolliert. Kurzfristige Darlehen dürfen nicht für langfristige Zwecke verwendet werden. Um spätere Schwierigkeiten zu vermeiden, ist eine genaue Buchhaltung unerlässlich.

> **Praxistipp**
>
> Es empfiehlt sich, die Kapitalstruktur großzügig anzulegen. Dies ist nicht schädlich, da das Haftkapital nicht blockiert ist, sondern im Rahmen des Geschäftsbetriebes ausgegeben werden darf.
> Die Verwendung ausländischen Kapitals ist in Vietnam kontrolliert. Die Geschäftsbanken haben diese Kontrolle auszuführen. Es ist absolut notwendig, sehr korrekt zu arbeiten, da ansonsten ernsthafte Blockaden des Zahlungsverkehrs wie auch Geldbußen drohen.

Vorhabenbeschreibung
Die genaue inhaltliche Beschreibung des Investitionsvorhabens ist der wohl bedeutendste Teil des Antrages. Für viele Unternehmer stellt dies eine echte Herausforderung dar.

Die Verwaltungsbehörde wird unter der gesetzlichen Systematik prüfen, ob das Vorhaben ganz oder in Teilen zulässig oder unzulässig ist oder aber Restriktionen unterliegt, mithin z. B. die Beteiligung eines vietnamesischen Partners im Rahmen eines Joint Ventures erfordert.

> **Praxistipp**
>
> Die genaue Beschreibung des Vorhabens muss sehr sorgfältig erfolgen und auf die gegebene Gesetzessystematik abgestimmt sein. Einerseits soll das geschäftliche Handeln nicht unnötig beschränkt werden und andererseits soll das Genehmigungsverfahren nicht unnötig erschwert werden. Hierauf muss der Investor einige Energie verwenden.

Durch eine Vielzahl von Rechtsvorschriften hat Vietnam die Fragestellung der Zulässigkeit einer ausländischen Investition geregelt. Hierbei wurden zugleich die internationalen Verpflichtungen umgesetzt. Der Abschluss der Freihandelsabkommen hat zu weiteren Fallgestaltungen geführt. Es bestehen vier Kategorien für ausländische Investitionen:

- Verboten: Ausländische Investitionen in diesen Sektoren sind nicht gestattet:
    - Projekte, die schädlich für die nationale Verteidigung und Sicherheit sowie das öffentliche Interesse sind
    - Projekte, die schädlich für die historischen und kulturellen Traditionen und die öffentliche Ethik sind
    - Projekte, die die menschliche Gesundheit, die natürlichen Ressourcen und die Umwelt schädigen oder zerstören
    - Projekte für die Behandlung von ausländischem Giftmüll in Vietnam, für die Herstellung von toxischen Chemikalien oder für den Einsatz von chemischen Stoffen, die durch internationale Verträge verboten sind

- Erwünscht: Ausländische Investitionen in diesen Sektoren sind erwünscht, insbesondere steuerliche Anreize sind vorgesehen:
    - Produktion neuer Materialien, erneuerbare Energien, Produktion der Hochtechnologie, Biotechnologie, Informationstechnologie und mechanische Produktion
    - Agrar- und Forstwirtschaft sowie Aquakultur
    - Forschung und Entwicklung
    - arbeitsintensive Industrie
    - Infrastruktur- und Industrieprojekte von herausgehobener Bedeutung
    - Bildung und Ausbildung, Gesundheit und Sport, vietnamesische Kultur
    - Entwicklung traditioneller Handwerkskunst
    - andere Bereiche der Produktion, welche einer Förderung bedürfen
    - Investitionen in Regionen mit schwierigen sozialen und wirtschaftlichen Verhältnissen
    - Investitionen in lizensierten Industriezonen

- Bedingt: Ausländische Investitionen in diesen Sektoren sind zulässig, müssen aber verschiedenen Bedingungen entsprechen. Dies schließt u. U. die Beschränkung auf ein Joint Venture ein. Diese Beschränkungen sind sehr vielgestaltig und stark vom Geschäftsfeld abhängig. Im Fall der Beschränkung auf ein Joint Venture sehen die Vorschriften sehr unterschiedliche Beteiligungsanteile vor.
- Der Rest: Ausländische Investitionen in diesen Bereichen sind grundsätzlich vorbehaltlich besonderer Regelungen erlaubt. Nahezu alle Bereiche sind in den drei vorstehenden Kategorien erfasst. Sollte ein Geschäftsfeld weder verboten noch erwünscht und auch nicht unter den bedingten Sektoren erfasst sein, ist es grundsätzlich zulässig.

Die Bedeutung dieser Vorschrift liegt nicht so sehr in den ggf. hierunter fallenden Geschäftsbereichen, sondern in der grundsätzlichen Umkehr des Denkansatzes. War es lange Zeit notwendig, für jede Einzeltätigkeit deren Zulässigkeit nachzuweisen, so ist seit der Einführung dieser Vorschrift im Jahre 2015 nur zu prüfen, ob ein Verbot vorliegt oder ggf. Bedingungen zu erfüllen sind. Wenn besondere Vorteile in Anspruch genommen werden, ist auch das Vorliegen dieser Voraussetzungen zu prüfen. Greifen kein Verbot und keine Bedingung, ist das Vorhaben zuzulassen.

> **Praxistipp**
>
> Die Systematik wurde von einem Verbot mit Erlaubnisvorbehalt umgestellt auf eine generelle Erlaubnis mit Einschränkungen. Diese Änderung ist noch nicht vollständig in der Verwaltungspraxis angekommen. Daher ist es insbesondere für Investitionen in Bereichen, die weder ausdrücklich erwünscht sind noch klar den bei Beitritt zur Welthandelsorganisation eingegangenen Verpflichtungen entsprechen, notwendig, genau zu erläutern, warum diese vorteilhaft für Vietnam sind.

In Deutschland ist es einem Unternehmen in weitem Umfang gestattet, Geschäfte zu tätigen, die nicht innerhalb des eigentlichen Geschäftszwecks liegen, sofern keine besondere Erlaubnis notwendig ist. Dies ist in Vietnam für vietnamesisch investierte Unternehmen ähnlich.

Für ausländisch investierte Unternehmen ist aber das beantragte und genehmigte Investitionsvorhaben mit seiner exakten Beschreibung die Grenze der zulässigen Tätigkeit, die nicht überschritten werden darf.

> **Praxistipp**
>
> Die Definition der Geschäftsfelder in der gesetzlichen Systematik ist offensichtlich nicht trennscharf. Von erheblicher Bedeutung ist, wenn möglich, erwünschte Investitionsbereiche einzubeziehen sowie hinsichtlich der bedingten Bereiche deren Einbeziehung so weit als möglich einzugrenzen. Dies erfordert eine umfassende und gründliche Erörterung der vorgesehenen Geschäftstätigkeit bereits im frühen Vorfeld einer Investition.
> So ist beispielsweise der Import bestimmter Farben im Grunde zulässig. In einer bestimmten Stoffklasse sind aber neben weiteren technischen Farben auch die für den Druck von Banknoten verwendeten Farben enthalten. Diese wiederum dürfen nicht importiert werden. Schwierigkeiten bei der Antragsbearbeitung können vermieden werden, wenn diese dem Verbot unterliegenden Farben im Genehmigungsantrag genau beschrieben werden und auf deren Lizensierung ausdrücklich verzichtet wird. Dies soll nur beispielhaft verdeutlichen, wie detailliert die Planung des Vorhabens zu erfolgen hat.

> **Beispiel**
>
> Ein deutsches Logistikunternehmen möchte unter Einschluss des Geschäftsfelds der Zollabfertigung eine Tochtergesellschaft in Vietnam errichten. Genau dieses Geschäftsfeld istgemäß den Bedingungen unter dem Beitritt zur Welthandelsorganisation Joint Ventures vorbehalten; die Höhe des vietnamesischen Anteils ist nicht bestimmt. Es kann also ein Joint Venture errichtet werden unter Einschluss dieses Geschäftszwecks mit einer deutschen Beteiligung von 99 % und einer vietnamesischen Beteiligung von 1 %. Wird der Geschäftszweck Zollabfertigung weggelassen, kann das Unternehmen mit 100 % deutscher Beteiligung errichtet werden. Ohne Lizensierung des Geschäftszwecks Zollabfertigung darf diese aber auch nicht durch Subunternehmen erledigt werden. Wird die Investition unter den Bedingungen des Freihandelsabkommens der EU mit Vietnam vorgenommen, ist in diesem Fall kein Joint Venture erforderlich.

Andere Geschäftsfelder im Bereich der Logistik erfordern sogar einen vietnamesischen Anteil an dem Joint Venture von 49 %.

Vietnamesisch investierte Unternehmen
Vietnamesisch investierte Unternehmen benötigen diese Lizensierung der ausländischen Investition logischerweise nicht. Sie sind daher in ihrer Geschäftstätigkeit wesentlich weniger eingeschränkt.

2.1.2.2 Struktur der GmbH

Jede GmbH ist zu registrieren. Hat sie einen ausländischen Allein- oder Teileigentümer, ist zunächst dessen Investitionsvorhaben zu genehmigen. Die Angaben zur Registrierung der GmbH müssen die Angaben zur Registrierung des Investitionsvorhabens widerspiegeln.

Ein Joint Venture mit einem vietnamesischen Partner sollte nur dann vereinbart werden, wenn es dafür rechtlich zwingende oder wirtschaftlich dringende Gründe gibt. Gesellschafter können Einzelpersonen oder auch z. B. in Deutschland registrierte Unternehmen sein.

Die GmbH hat einen oder mehrere gesetzliche Vertreter. Von diesen muss mindestens einer den Wohnsitz in Vietnam unterhalten. Die Staatsbürgerschaft ist ohne Belang.

Der oder die Gesellschafter sind in einer Gesellschafterversammlung vertreten. Hat diese nur ein Mitglied, trägt es den Titel Präsident der Gesellschaft. Sind mehrere Vertreter in die Gesellschafterversammlung entsandt, muss es einen Vorsitzenden der Gesellschafterversammlung geben.

Die GmbH muss einen Generaldirektor haben. Dieser ist für das Tagesgeschäft zuständig. Manchmal trägt er den Titel Direktor an Stelle von Generaldirektor.

Ein gesetzlicher Vertreter kann zugleich Direktor bzw. Generaldirektor sein oder auch zugleich Präsident oder Mitglied der Gesellschafterversammlung oder deren Vorsitzender sein. Die Vereinigung dieser Funktionen ist in der Satzung der GmbH zu regeln. Ist dort z. B. geregelt, dass der Generaldirektor zugleich auch gesetzlicher Vertreter ist, erhält jede Person, die auf diesen Posten berufen wird, automatisch beide Funktionen.

> **Praxistipp**
>
> Es ist ratsam, zwei gesetzliche Vertreter zu benennen. Einer der gesetzlichen Vertreter sollte der Führungsebene der investierenden Gesellschaft angehören. Der andere sollte der bestellte Generaldirektor sein. Dies ermöglicht, auch im Falle eines Wechsels in der Person des Generaldirektors handlungsfähig zu bleiben.

2.1.2.3 Das Siegel

Jede GmbH hat ein offizielles Siegel. Auch andere Institutionen in Vietnam führen ein solches Siegel. Es ist rund und bei der Polizei registriert. Die Stempelfarbe ist rot. Auf sehr vielen geschäftlichen Papieren muss das Siegel in genau vorgeschriebener Weise angebracht werden, damit die Dokumente Gültigkeit erhalten. In vielen Fällen ist die Bedeutung des Siegels höher als diejenige der Unterschriften der gesetzlichen Vertreter. Deren Unterschrift bedarf der zusätzlichen Anbringung des Siegels.

> **Praxistipp**
>
> Das Unternehmen sollte dringend eine sichere und praktikable Ordnung zur Aufbewahrung und Nutzung des Siegels festlegen. Die unkontrollierte Verwendung des Siegels kann großen Schaden anrichten.

2.1.2.4 Gesellschafterwechsel

Die Umsetzung der Übertragung eines Gesellschaftsanteils ist aufwendig.

2.1.2.5 Liquidation

Die Liquidation und Löschung einer GmbH ist langwierig. Die Herbeiführung der internen Entscheidungen ist nicht problematisch. Vor vollständiger Umsetzung der Liquidation erfolgt jedoch die Prüfung, ob die steuerlichen Pflichten erfüllt worden sind. Dies kann sich sehr lange hinziehen. In vielen Fällen der Praxis erweist es sich dann als problematisch, dass die Buchhaltung nicht sehr sorgfältig durchgeführt worden ist.

Erst nach Abschluss dieser Prüfung kann das auf dem Kapitalkonto noch oder wieder vorhandene Rest(kapital) an den Investor ausbezahlt werden.

2.1.3 Andere Unternehmensformen

Für ausländische Informationen steht auch die Rechtsform der Aktiengesellschaft oder auch der Partnerschaft, welche einer deutschen Gesellschaft bürgerlichen Rechts oder OHG vergleichbar ist, zur Verfügung.

> **Praxistipp**
> Für die große Mehrzahl aller ausländischen Investitionen wird die Rechtsform der GmbH gewählt. Insbesondere die GmbH mit einem Gesellschafter ist verhältnismäßig einfach zu verwalten.

2.1.4 Geschäftsaufnahme des Unternehmens

2.1.4.1 Registrierung des Unternehmens

Ist die Registrierung des Investitionsvorhabens erfolgreich abgeschlossen, schließt sich unmittelbar die Unternehmensregistrierung an. Diese ist der Registrierung eines vietnamesisch investierten Unternehmens vergleichbar. Mit deren Abschluss ist das Unternehmen als solches vollständig lizensiert und kann im Grundsatz die Tätigkeit aufnehmen.

2.1.4.2 Nachgeordnete Lizensierungen

Nach erfolgreicher Registrierung des Unternehmens sind je nach Geschäftszweck möglicherweise weitere Erlaubnisse einzuholen. Diese können sich z. B. auf die Nutzung bestimmter Räumlichkeiten für eine Arztpraxis beziehen. Es handelt sich dann um eine Betriebserlaubnis für diese

Örtlichkeit. Oder es ist für ein bestimmtes einzuführendes Produkt eine technische Zulassung zu erwirken. Hierbei kann es sich z. B. um Baustoffe, Zementzuschlagsstoffe oder Arzneimittel handeln.

> **Praxistipp**
> Bei der Planung der Investition sollte darauf geachtet werden, dass alle Genehmigungsschritte betrachtet werden, die für den vollständigen Betrieb des Unternehmens erforderlich sind.
> Nicht selten erlebt ein Investor die unangenehme Überraschung, dass die ihm angebotene pauschale Dienstleistung zur Errichtung des Unternehmens zwar bis zur Registrierung desselben reicht, die Erwirkung der Betriebserlaubnis aber zu Beginn nicht erwähnt wurde und dann aufwendiger ist als die eigentliche Unternehmensgründung.

2.1.4.3 Registrierung des ausländischen Unternehmens ohne Errichtung einer Tochtergesellschaft

Niederlassung
Ausländische Unternehmen können in Vietnam Niederlassungen errichten. Diese unterliegen dann in vollem Umfang der Besteuerung und Buchführungspflicht in Vietnam. Abgesehen von wenigen Spezialfällen ist die Gründung einer GmbH sinnvoller.

Repräsentationsbüro
Diese Form der Investition in Vietnam ist relativ einfach und als erster Schritt in den Markt in vielen Fällen auch sinnvoll.

Ein solches Repräsentationsbüro ist rechtlich unselbstständig und ist hinsichtlich der zulässigen Aktivitäten stark begrenzt. Es darf im Wesentlichen nur den Markt beobachten und erforschen sowie das Mutterhaus werblich vertreten. Der Abschluss von Verträgen ist dem Repräsentationsbüro nicht gestattet. Aktivitäten im zulässigen Rahmen können sehr sinnvoll sein, um Geschäfte anzubahnen, Kontakte aufzubauen und Geschäftschancen in Vietnam zu ergründen und zu erfassen.

Zwar ist dieses Büro rechtlich unselbstständig, ist aber die Ausformung einer Genehmigung bestimmter ausländischer Unternehmenstätigkeit in Vietnam und hat von daher auch ein gewisses Eigenleben.

Auch wenn das Genehmigungsverfahren relativ einfach ist, wird doch gefordert, dass das vertretene Unternehmen eine gewisse Marktbedeutung hat. Dies ist je nach Branche unterschiedlich definiert.

Das Repräsentationsbüro darf logischerweise keine Einnahmen erzielen, darf aber die zum Betrieb des Büros nötigen Verträge direkt vor Ort mit eigenem Siegel abschließen.

> **Praxistipp**
> Für die Gründung einer GmbH ist es in Vietnam in der Praxis akzeptiert, dass z. B. eine deutsche Unternehmensgruppe des produzierenden Gewerbes ihre z. B. in Singapur registrierte Holdinggesellschaft als Investor benennt, obwohl das Geschäft der Holdinggesellschaft, nämlich das Halten von Beteiligungen, als solches in Vietnam einem ausländischen Investor nicht gestattet würde. Es wird der Holdinggesellschaft also beispielsweise gestattet, in Vietnam in ein Projekt der Produktion oder des Handels zu investieren. Das ist nicht vollständig logisch, aber gängige Praxis. Für ein Repräsentationsbüro hingegen wird erwartet, dass das repräsentierte Unternehmen z. B. der Produktionsbetrieb ist und nicht etwa die Holdinggesellschaft. Für diese könnte ein Repräsentationsbüro nicht registriert werden.

Zu einer gewissen Verwirrung trägt bei, dass es dem ausländischen Unternehmen gestattet ist, den Leiter des Repräsentationsbüros mit einer Vollmacht zur rechtsgeschäftlichen Vertretung des Unternehmens auszustatten. Aktivitäten, die unter dieser Vollmacht ausgeführt werden, sind dann nicht solche „des Repräsentationsbüros", sondern direkt des repräsentierten Unternehmens, welches zulässigerweise einen Vertreter in Vietnam arbeiten lässt.

Der Leiter des Repräsentationsbüros darf nicht zugleich Geschäftsführer einer in Vietnam registrierten Gesellschaft sein.

Die steuerlichen Implikationen der Unterhaltung eines Repräsentationsbüros sollten genau bedacht werden. Wird dieses innerhalb des gesetzlichen Rahmens betrieben, können keine negativen Folgen entstehen, da keine Dienstleistungen gegenüber Kunden erbracht und auch keine Einnahmen erzielt werden. Sind aber Mitarbeiter des Büros mit dem Vertrieb oder technischen Dienstleistungen befasst, dürfte dies dazu führen, dass die entsprechenden Verträge der Quellensteuer auf ausländische Unternehmenstätigkeit unterfallen. Die Tätigkeit des Vertreters dürfte in diesem Fall als eine Dienstleistung anzusehen sein, die gegenüber dem Kunden erbracht wird. Diese Besteuerung muss nicht nachteilig sein, wenn dieser Umstand von vornherein bedacht wird. In der Praxis unterbleibt diese Betrachtung aber oft.

Der Umstand, dass die Registrierung von Repräsentationsbüros verhältnismäßig einfach ist, hat dazu geführt, dass diese Form der ausländischen Investition weit verbreitet ist. Sie wird gelegentlich auch jenseits der gesetzlichen Grenzen genutzt.

In manchen Fällen beschäftigen Repräsentationsbüros eine große Zahl von Mitarbeitern, die letztlich mit Vertrieb, Beschaffung und Qualitätskontrolle oder auch technischem Service befasst sind. Das ist offensichtlich jenseits der gesetzlichen Grenzen. Dass dies bisher vom vietnamesischen Staat weitgehend toleriert wird, bedeutet in keiner Weise, dass es bei dieser großzügigen Haltung bleibt. Es bedeutet auch nicht, dass nicht die Nachentrichtung von Steuern verlangt werden könnte.

Besonders riskant ist es, das Repräsentationsbüro in Geschäfte mit Drittländern einzubeziehen. Erbringt z. B. ein europäisches Unternehmen Leistungen an einen Kunden in Korea und ist in dieses Geschäft das Repräsentationsbüro in Vietnam eingebunden, wird der gesamte Umsatz des Geschäfts mit dem Kunden in Korea in Vietnam steuerpflichtig.

Praxistipp

Mehr und mehr geraten grenzüberschreitende konzerninterne wirtschaftliche Verflechtungen in den Fokus der Steuerverwaltungen aller involvierten Länder, auch in Vietnam. Es ist dringend anzuraten, die Struktur dieser Geschäfte regelmäßig und sorgfältig unter Betrachtung aller Konzerngesellschaften prüfen zu lassen.

Sorgfältige Planung und Dokumentation aller Geschäftsvorfälle sind erforderlich, um ganz erhebliche Steuernachforderungen zu vermeiden.

2.1.5 Vertragliche Kooperation

Alle einschlägigen Formen der vertraglichen Kooperation zwischen ausländischen Unternehmen und vietnamesischen Unternehmen und Institutionen sind zulässig. Je nach vertraglicher Konstellation gelten besondere Vorschriften.

2.2 Das Rechtswesen

2.2.1 Zivilrecht

Es besteht Vertragsfreiheit. Viele Bereiche des Wirtschaftslebens sind stark reguliert, vor allem in formaler Hinsicht. Verträge sollten vorgegebenen Formen entsprechen. Es wird weithin erwartet, dass für jede Vereinbarung ein schriftlicher und von beiden Parteien gezeichneter und gestempelter Vertrag vorliegt.

Ein umfassendes Berichtswesen ist der Berührungspunkt der recht freien Privatwirtschaft mit dem planwirtschaftlichen System. Mit einem gewissen Aufwand ist es aber möglich, diese Verpflichtungen zu erfüllen und die gegebene Vertragsfreiheit zu nutzen.

2.2.2 Gerichtswesen

Für alle Formen von Streitfällen ist zu berücksichtigen, dass das Gerichtswesen in Vietnam noch unterentwickelt ist. Im Vergleich zu Prozessführungen in Europa ist das Prozessieren in Vietnam teuer und zeit- sowie arbeitsaufwendig.

Vor Vereinbarung von Schiedsgerichtsklauseln sollte berücksichtigt werden, dass diese Verfahren einen hohen Kostenaufwand mit sich bringen. Ausländische Schiedsgerichtsentscheidungen sind in Vietnam nicht einfach durchzusetzen. Die vietnamesische Schiedsgerichtsbarkeit ist eine vernünftige Option.

> **Praxistipp**
>
> Bei der Strukturierung des Geschäfts und der Abfassung der entsprechenden Verträge sollte bedacht werden, dass eine zwangsweise Durchsetzung von Rechten in Vietnam sehr aufwendig und wenig sicher ist. Die nötige Absicherung muss daher bereits im Ablauf des Geschäfts angelegt sein oder auf andere Weise gefunden werden.

2.2.3 Arbeitsrecht

Das Arbeitsrecht ist komplex und weist eine Vielzahl von Bestimmungen auf. Allerdings ist die Praxis des Arbeitslebens nicht von dieser Kompliziertheit geprägt. Vietnamesisch investierte und geleitete Unternehmen leben oft in einer sehr starken Ausprägung hierarchischen Denkens. Dieses überlagert nicht selten die Suche nach fachlich richtigen Arbeitsweisen. Arbeitnehmerschutzrechte werden hier nicht selten schlichtweg missachtet.

2.2.3.1 Arbeitgeber aus Deutschland, Österreich und der Schweiz in Vietnam

Der Grund, warum Arbeitgeber aus Deutschland, Österreich oder der Schweiz als attraktiv angesehen werden, ist, dass insbesondere junge Vietnamesen davon ausgehen, dass diese Unternehmen von ihren Angestellten nicht lediglich Unterordnung erwarten, sondern fachlich qualifizierte Arbeit. Sie möchten durch die Arbeit in einem solchen Unternehmen sich selbst fachlich und persönlich fortentwickeln und auch in ihren fachlichen Erfolgen ernst genommen werden. Bei vernünftigem und professionellem Umgang mit den Mitarbeitern wird es selten zur Befassung mit Bestimmungen des Arbeitsrechts kommen, abgesehen von der jederzeit notwendigen Einhaltung einer Vielzahl formaler Vorschriften.

Die Unternehmenskultur des Heimatlandes sollte unter Berücksichtigung von vietnamesischen Besonderheiten offensiv vertreten werden. Dies ist nicht zuletzt mit Blick auf die notwendige Abwehr von Korruption von erheblicher Bedeutung.

> **Praxistipp**
>
> Die Planung und Ausführung der Beschäftigungspolitik sollten diese Erwartung an ein solches Unternehmen berücksichtigen. Die Aufzeigung von Karrieremöglichkeiten und Ausbildungswegen ist von erheblichem Interesse. Das „gute Arbeitsumfeld" ist die wohl meistgenannte Anforderung an einen Arbeitsplatz, noch vor der Gehaltshöhe.
> Der Investor sollte sorgfältig prüfen, ob die Einsetzung eines Vietnamesen oder eines in Hongkong bzw. Singapur ansässigen anderen Asiaten als unmittelbaren Vorgesetzten die Vorzüge dieses Arbeitgebers nicht womöglich aufhebt.

2.2.3.2 Arbeitsvertrag

Der Arbeitsvertrag sollte zweisprachig gefasst sein, wobei die Fremdsprache in Zweifelsfällen den Vorrang haben darf. Der Arbeitsvertrag muss schriftlich vereinbart werden.

Die Möglichkeit, einen Arbeitsvertrag in besonderen Fällen zu kündigen, ist theoretisch gegeben. Dies ist in der praktischen Handhabung aber sehr kompliziert. In aller Regel wird der vietnamesische Mitarbeiter aber aufgrund eines klaren Gesprächs von sich aus um Auflösung des Vertrages bitten, schon um vor den Kollegen nicht als der Gekündigte dazustehen.

Am Beginn einer Beschäftigung kann eine Probezeit vereinbart werden. Diese beträgt maximal:

- 180 Kalendertage für Geschäftsführer
- 60 Kalendertage für Beschäftigte auf einer Position, die mindestens einen Hochschulabschluss oder technische Erfahrung erfordert
- 30 Kalendertage für Arbeiter in Industrie oder Handel mit durchschnittlichen Anforderungen sowie Techniker oder sonstige Fachkräfte
- 6 Kalendertage für andere Beschäftigungen.

Nach der ggf. vereinbarten Probezeit können bis zu zwei befristete Verträge ohne Befristungsgrund vereinbart werden. Der Zeitraum der Befristung beläuft sich auf höchstens drei Jahre. Es ist gängige Praxis, folgende Schrittfolge zu vereinbaren:

- Probezeit
- ein Jahr Befristung
- drei Jahre Befristung
- danach ein unbefristeter Arbeitsvertrag

Dies schränkt die Risiken der Schwierigkeiten einer Kündigung deutlich ein. Für Geschäftsfelder mit Saisonbeschäftigung bestehen Sonderregelungen hinsichtlich der Befristungen.

Die Bereitschaft zur Veränderung ist bei vielen Vietnamesen sehr ausgeprägt. Das bezieht sich auf viele Lebensbereiche, auch auf das Arbeitsleben. Recht oft wird ein vietnamesischer Angestellter eine Beschäftigung kündigen, weil das Arbeitsumfeld als nicht gut empfunden wird. Und dies sehr oft auch, bevor ein neuer Arbeitsplatz gefunden ist. Diese Wechseltendenz ist besonders hoch zur Zeit des vietnamesischen Neujahrsfestes. Insbesondere kommen nicht wenige Arbeiter nach dem Fest einfach nicht wieder zur Arbeit. Oftmals liegt die Ursache tatsächlich bei den Arbeitgebern. Unternehmen mit einer qualifizierten Personalpolitik haben diese Wechseltendenz deutlich eingrenzen können.

2.2.3.3 Mindestlöhne

Die gesetzlich geregelten Mindestlöhne werden jährlich angepasst. Tab. 2.1 zeigt die zum 01.07.2022 in Kraft getretenen Sätze in VND.

Tab. 2.1 Mindestlöhne in VND

Region	Monatslohn	ca. EUR	Stundenlohn	ca. EUR
Region I	4.680.000	185	22.500	0,90
Region II	4.160.000	165	20.000	0,80
Region III	3.640.000	144	17.500	0,70
Region IV	3.640.000	144	15.600	0,62

Der höchste Satz gilt für die Metropolenregionen. Es ist anzumerken, dass diese Sätze deutlich unter den Lebenshaltungskosten liegen. Für die Beschäftigung von Mitarbeitern mit Qualifikationen sind erheblich höhere Sätze zu veranschlagen. Für einen Servicetechniker mit Erfahrung sollten in Saigon beispielsweise 1000 bis 1600 € veranschlagt werden.[1]

> **Hinweis**
>
> Die Umrechnungen von VND in EUR in diesem Buch dienen der leichteren Orientierung und Lesbarkeit. Für eine genaue Einordnung ist es erforderlich, die in VND angegebenen Beträge zum jeweils aktuellen Tageskurs umzurechnen.

2.2.3.4 Lohnfortzahlung im Krankheitsfall

Der Arbeitgeber hat keine Lohnfortzahlung im Krankheitsfall zu leisten. In begrenztem Umfang wird diese durch die staatliche Sozialversicherung geleistet.

2.2.3.5 Bildung

Die schulische und universitäre Ausbildung in Vietnam hat einen hohen Standard. Dies wird hinsichtlich der universitären Ausbildung teilweise anders bewertet. Jedenfalls sind aber die grundlegenden Fähigkeiten bei sehr vielen jungen Vietnamesen gut ausgebildet. Die systematische Berufsausbildung ist noch unterentwickelt. Daher darf eine berufliche Ausbildung junger Bewerber nicht erwartet werden. Entweder sie ist durch Erfahrung im Arbeitsleben bereits erworben worden oder der Arbeitgeber hat diese zu organisieren. Die EU, ihre Mitglieder und Unternehmen sind bei dem Aufbau einer beruflichen Bildung stark engagiert und auch stark gefordert. Betriebe, die für ihren Bedarf eine syste-

---

[1] Mit detaillierten Hinweisen: https://adecco.com.vn//uploads/Adecco%20Vietnam%20Salary%20Guide%202022_2.pdf.

matische Ausbildung aufgebaut haben, sind mit der Qualifikation der Mitarbeiter und der Qualität der Arbeit recht zufrieden.

> **Praxistipp**
>
> Gelegentlich wird angeführt, dass die Produktivität in Vietnam im Vergleich zu anderen ASEAN-Staaten sehr niedrig sei. Diese Angaben sind für den Durchschnitt wohl zutreffend, verstellen aber eher den Blick darauf, dass es insbesondere im Bereich der Staatsunternehmen Wirtschaftsbereiche mit sehr niedriger Produktivität gibt und gleichzeitig Unternehmen mit einer durchaus hohen Produktivität bestehen. Letztere sind insbesondere im Bereich der ausländisch investierten Betriebe zu finden.

2.2.4 Die Beschäftigung von Ausländern in Vietnam

Wer als Ausländer in Vietnam arbeiten möchte, benötigt vor Aufnahme der Tätigkeit eine Arbeitserlaubnis und ein Arbeitsvisum. Von diesem Grundsatz bestehen Ausnahmen.

Ist der Arbeitgeber in Vietnam registriert, muss er die Arbeitserlaubnis einholen. Ist der ausländische Arbeitgeber nicht in Vietnam registriert, muss die Arbeitserlaubnis durch den vietnamesischen Vertragspartner eingeholt werden. Vor deren Beantragung ist ohne Bezug auf die zu beschäftigende Person die Zustimmung zur Beschäftigung eines Ausländers mit einer bestimmten Funktion einzuholen. Hierbei wird geprüft, ob für diese Tätigkeit auch Vietnamesen zur Verfügung stünden, in welchem Falle diese Zustimmung versagt würde. Manche örtlichen Behörden verlangen, dass die offene Stelle zunächst öffentlich ausgeschrieben wird. In der Regel wird die Zustimmung erteilt.

Die Bestimmungen zur Beantragung von Arbeitserlaubnissen sind in manchem Detail nicht einfach zu handhaben. Es ist aber hervorzuheben, dass für alle normalen Fälle der Beschäftigung von Personen, die aus Europa zu entsenden sind, die Einholung der Arbeitserlaubnis meist erfolgreich sein wird. Sie bleibt aufwendig. Die Vorschriften dienen insbesondere dazu, die Beschäftigung von Ausländern im Niedriglohnsektor zu unterbinden. Die Beschäftigung von ausländischen Fachkräften und Managern ist im Ergebnis möglich.

In jüngster Zeit sind die bürokratischen Anforderungen an die Erteilung der Arbeitserlaubnisse sehr gestiegen.

Für eine Reihe von Sachverhalten ist zwar keine Arbeitserlaubnis notwendig, aber die erfolgreiche Einholung einer Bescheinigung, dass keine Arbeitserlaubnis notwendig ist. Dies ist etwas weniger aufwendig als die Einholung der Arbeitserlaubnis.

Von besonderem Interesse sind jedoch die Fälle, in denen weder eine Arbeitserlaubnis notwendig ist noch die Einholung einer Bestätigung, dass diese nicht erforderlich ist. Es obliegt allein dem Arbeitgeber und dem einreisenden Arbeitnehmer, das Vorliegen dieser Voraussetzungen zu prüfen. Das betrifft diese Fälle:

- Aufenthalt in Vietnam für einen Zeitraum von unter drei Monaten, um Dienstleistungen anzubieten (!) aber nicht zu erbringen
- Aufenthalt in Vietnam als Experte, Führungskraft oder Techniker für weniger als 30 Tage je Aufenthalt und unter 90 Tagen je Jahr

Inhaber eines deutschen Passes genießen zudem Visafreiheit für einen Aufenthalt von bis zu 15 Tagen. Die Visafreiheit besteht nicht nur für Touristen, sondern unabhängig vom Zweck der Einreise. Es wird diskutiert und erwartet, den Zeitraum auf 45 Tage auszuweiten und auch andere Länder einzubeziehen.

Die Bürger von Deutschland, Österreich und der Schweiz sowie vieler anderer Länder haben die Möglichkeit, ein E-Visum zu beantragen. Dieses kann online ohne besonderen Aufwand beantragt werden und berechtigt zur mehrmaligen Einreise und Aufenthalt in Vietnam von 90 Tagen.

Es ist anzumerken, dass die Befreiungen vom Erfordernis einer Arbeitserlaubnis in keiner Weise die steuerlichen Pflichten mindern. Jede auch kurzfristige Tätigkeit in Vietnam unterliegt hinsichtlich der anteiligen Bezahlung der Einkommensteuer. Dies auch dann, wenn der Mitarbeiter ausschließlich außerhalb Vietnams bezahlt wird. Es kann eine Befreiung von der Einkommensteuer unter dem Abkommen zur Vermeidung der Doppelbesteuerung erwirkt werden, diese wird aber nicht automatisch gewährt.

Wenn ein in Vietnam registriertes Unternehmen einen Arbeitsvertrag mit einem Ausländer schließt, muss die Dauer dieses Arbeitsvertrages exakt der Gültigkeitsdauer der Arbeitserlaubnis entsprechen. Wenn der Mitarbeiter bei dem ausländischen Unternehmen angestellt bleibt und dann entsprechend der erteilten Arbeitserlaubnis in Vietnam arbeitet, muss der Arbeitsvertrag nicht geändert werden.

Es empfiehlt sich allerdings, für die Zeit der Tätigkeit in Vietnam eine zusätzliche Vereinbarung zu schließen, die den Arbeitsvertrag hinsichtlich der besonderen Bedingungen der Entsendung ergänzt. Dies ist nicht zuletzt für die korrekte steuerliche Handhabung von Vorteil.

2.2.5 Immobilienrecht

Der Staat hält für das ganze Volk das Eigentum am Land. Die Nutzung des Landes wird in Landnutzungsrechten geregelt. Diese können übertragen und damit auch gehandelt werden. An den Gebäuden besteht Privateigentum. Diese in der Grundprägung sozialistische Ordnung ist mittlerweile so ausgestaltet, dass ein freier Immobilienmarkt besteht. Das Eigentum am eigenen Haus bzw. der eigenen Wohnung hat große Bedeutung für vietnamesische Familien.

Immobilien im Betriebsvermögen
Unternehmen mit sonstigen Geschäftszwecken wie z. B. der Produktion dürfen Immobilien errichten oder erwerben, soweit diese dem Geschäftszweck dienen. Die Errichtung einer eigenen Produktionsstätte ist also ohne Frage möglich. Eine Vermietung an Dritte ist aber nur dann zulässig, wenn (auch) das Geschäft der Vermietung von Immobilien lizensiert worden ist.

Ist der Geschäftszweck des Unternehmens die Immobilienwirtschaft, gelten besondere formale Anforderungen.

Privateigentum an Immobilien
Der private Erwerb von Immobilien ist Vietnamesen von jeher ohne Einschränkungen gestattet. Ausländer dürfen Wohnungen privat erwerben und vermieten. Der Anteil von ausländischem Eigentum an jeder Wohnanlage ist auf 30 % beschränkt.

2.2.6 Schutz des geistigen Eigentums

Der materiellrechtliche Schutz des geistigen Eigentums entspricht internationalen Standards. Die Registrierung von Schutzrechten ist geregelt und wird praktiziert. Deren Übertragung und Überlassung kann vereinbart werden.

Der Schutz vor und die Abwehr von Rechtsverletzungen durch Dritte ist in der Praxis allerdings schwierig, jedoch durchaus möglich. Die insgesamt unzureichende Qualität des Gerichtswesens wirkt sich auch insoweit negativ aus.

2.3 Freihandelsabkommen

Freihandelsabkommen werden die Wirtschaft und die Rechtsordnung vieler Länder nachhaltig und tiefgreifend verändern. Das gilt in hohem Masse auch für Vietnam. Besonders der Bereich der staatseigenen Unternehmen ist auf dem Weg von der sozialistischen Staatswirtschaft zur Marktwirtschaft noch nicht am Ziel angelangt. Generell ist anzumerken, dass der Begriff „Freihandelsabkommen" gelegentlich zu Missverständnissen führt. Diese Abkommen bringen einerseits einen Zugewinn an Freiheit von Zolltarifen und sonstigen Handelsbeschränkungen. Andererseits bringen sie stark erhöhte Anforderungen an die Verwaltungskraft der ihnen unterworfenen Unternehmen. Diese Anforderungen können von Großunternehmen naturgemäß leichter umgesetzt und erfüllt werden als von einem mittelständischen Unternehmen. Die sich aus verschiedenen Abkommen ergebenden Rechte können nicht kumuliert werden.

Die Anpassung der Rechtsordnung in Vietnam an die Anforderungen der Freihandelsabkommen wird derzeit intensiv betrieben. Daher sind viele Regelungen im Umbruch oder neu. Weitere Veränderungen werden mit Sicherheit folgen.

2.3.1 Für Vietnam geltende Freihandelsabkommen

Es ist hervorzuheben, dass im Verhältnis zu bestimmten Ländern mehr als ein Abkommen gilt. Die Vergünstigungen und Voraussetzungen sind jeweils unterschiedlich und es ist daher von größter Bedeutung in einem frühen Stadium der Geschäftsplanung im Detail festzulegen, welches Abkommen in Anspruch genommen werden soll.

Die Übersicht in Tab. 2.2 zeigt, dass für einige bedeutende Handelspartner sogar drei verschiedene Regelwerke zur Verfügung stehen. Die Ana-

Tab. 2.2 Freihandelsabkommen

Partnerland	Bilaterales Abkommen	Multilaterales Abkommen
Armenien	Nein	VEUFTA
Australien	Nein	CPTPP
		AANZ FTA
		RCEP
Brunei	Nein	AFTA
		RCEP
		CPTPP
Chile	VCFTA	CPTPP
China	Nein	RCEP
		ACFTA
Europäische Union	Nein	EVFTA
Großbritannien	UKVFTA	Nein
Hong Kong	Nein	AHKFTA
Indien	Nein	AIFTA
Indonesien	Nein	AFTA
		RCEP
Japan	VJEPA	CPTPP
		RCEP
		AJCEP
Kambodscha	Nein	AFTA
		RCEP
Kanada	Nein	CPTPP
Kasachstan	Nein	VEUFTA
Kirgisistan	Nein	VEUFTA
Korea (Südkorea)	VKFTA	RCEP
		AKFTA
Laos	Nein	AFTA
		RCEP
Malaysia	Nein	AFTA
		RCEP
		CPTPP
Mexiko	Nein	CPTPP
Myanmar	Nein	AFTA
		RCEP

(Fortsetzung)

Tab. 2.2 (Fortsetzung)

Partnerland	Bilaterales Abkommen	Multilaterales Abkommen
Neuseeland	Nein	CPTPP
		AANZ FTA
		RCEP
Peru	Nein	CPTPP
Philippinen	Nein	AFTA
		RCEP
Russland	Nein	VEUFTA
Singapur	Nein	AFTA
		RCEP
		CPTPP
Thailand	Nein	AFTA
		RCEP
Weißrussland	Nein	VEUFTA

lyse der Vor- und Nachteile ist nicht immer einfach. Verträge mit der EFTA und Israel werden verhandelt. Eine aktuelle Übersicht ist auf der Internetseite der Welthandelsorganisation für Vietnam[2] zu finden. Einzelheiten zu den Verträgen und weiterführende Verweise sind auch dort[3] zu finden.

In diesem Zusammenhang sind auch die Vereinbarungen der Welthandelsorganisation zu nennen. Hinsichtlich deren Inhalt ist auch den Internetauftritt der Organisation zu verweisen.[4]

Zudem besteht eine Vielzahl von Handelsabkommen, die nicht in die Kategorie der Freihandelsabkommen einzubeziehen sind.[5]

2.3.2 Das EU – Vietnam Freihandelsabkommen

Das durch die EU mit Vietnam geschlossene Freihandelsabkommen (EVFTA) enthält sehr viele und weitgehende Regelungen.[6] Die Gesetzgebung Vietnams wird schrittweise daran angepasst.

---

[2] https://wtocenter.vn/thong-ke/13814-vietnams-ftas-summary-as-of-april-2019.
[3] https://wtocenter.vn/fta.
[4] https://wtocenter.vn/wto.
[5] https://wtocenter.vn/hiep-dinh-khac.
[6] https://policy.trade.ec.europa.eu/eu-trade-relationships-country-and-region/countries-and-regions/vietnam/eu-vietnam-agreement/texts-agreements_en.

Die Nutzung der Vorteile ist im Detail nicht immer einfach und sollte daher sorgfältig vorbereitet werden.

Abbau der Zölle
Für sehr viele Produkte ist seit dem Inkrafttreten des EVFTA der Zoll entfallen. Für andere sind Übergangsfristen vorgesehen. Im Ergebnis werden die Zölle für etwa 99 % der Produkte entfallen.

Abbau von Handelshemmnissen, die keine Zölle sind
In vielen die ausländischen Investitionen berührenden Bereichen sind Veränderungen und insbesondere Erleichterungen zu erwarten.

Herkunftsbezeichnung
Voraussetzung für die Inanspruchnahme der Zollvergünstigungen ist, dass es sich bei den Produkten um Waren handelt, die in dem exportierenden Land hergestellt worden sind – hier also insbesondere in Vietnam bzw. der EU. Nicht jede Herkunftsbezeichnung kann für das Verfahren entsprechend dem EVFTA verwendet werden. Die formalen Anforderungen sind strikt einzuhalten.

Hat ein Unternehmer die Absicht, in Vietnam zu produzieren, um von dort sowohl in die USA als auch in die EU zu exportieren, müssen die jeweiligen Vorschriften zur Herkunftslandbezeichnung eingehalten werden. Soll auch in weitere Länder exportiert werden, gilt es ggf., noch mehr Regelungen einzuhalten. Da die Nichteinhaltung der Vorschriften u. U. sehr schwerwiegende Folgen hat, ist diese Aufgabenstellung sehr ernst zu nehmen.

> **Praxistipp**
>
> Basis einer korrekten Handhabung dieser Vorschriften zur Herkunftsbezeichnung (rules of origin) ist die sorgfältige Anwendung der jeweiligen nationalen Ausprägung des internationalen Systems der Zolltarifnummern (HS-Code). International tätigen Unternehmen ist dringend zum Aufbau eines alle Konzerngesellschaften umfassenden Qualitätssicherungssystems zu raten. Die falsche Klassifizierung kann auch noch nach Jahren sehr weitreichende nachteilige Folgen haben.

2.4 Der Ort der Investition

Unternehmen aus den Branchen Handel und Dienstleistungen werden sich in aller Regel in den Metropolen Hanoi oder Ho-Chi-Minh-Stadt ansiedeln.

Produzierende Gewerbe, aber auch diesem zuzuordnende Dienstleister sind sehr gut in einer der über 500 Industriezonen aufgehoben. Diese sind als Sonderverwaltungsgebiete ausgestaltet und jeweils auf bestimmte Wirtschaftsschwerpunkte ausgerichtet. Der Erhalt von Zulassungen ist bei Ansiedlung in einer solchen Zone deutlich erleichtert. Sie weisen auch jeweils gut geeignete Infrastrukturbedingungen auf. Bei konkreter Anfrage sollten sie auch über die zu erwartenden Steuervergünstigungen Auskunft geben können.

2.5 Beschränkungen und Kontrollen

Ausländische Tätigkeit in Vietnam unterliegt vielfältigen Beschränkungen und Kontrollen. Damit diese nicht zu einem Problem werden, muss ein hoher Aufwand für Buchhaltung und innere Verwaltung der vietnamesischen Tochtergesellschaft eingeplant werden.

2.5.1 Währung

Die vietnamesische Landeswährung Dong (VND) ist nicht frei konvertierbar. Vietnam kontrolliert den Handel mit der eigenen Währung streng, dieser ist auf die für Geschäftsbeziehungen notwendige Fälle beschränkt.

Die Verwendung von ausländischer Währung in Vietnam ist streng limitiert und reglementiert.

2.5.1.1 Verträge in Vietnam

Verträge innerhalb Vietnams müssen in VND abgeschlossen und fakturiert werden. Jede automatische Referenz zu einem Wechselkurs ist unzulässig.

2.5.1.2 Verträge mit ausländischen Partnern

Verträge mit ausländischen Partnern können in jeder Währung geschlossen werden. Arbeitsverträge mit ausländischen Mitarbeitern dürfen in ausländischer Währung abgeschlossen werden und diesen darf das Gehalt auch in ausländischer Währung gezahlt werden. Die Gehaltsüberweisung kann direkt in das Ausland erfolgen oder auf ein in Vietnam geführtes Konto.

Für die interne Buchhaltung und Besteuerung ist jeweils eine aktuelle Umrechnung in VND vorzunehmen.

Der Transfer von Devisen ist streng reglementiert. In jedem Fall ist der relevante Vertrag der Geschäftsbank in Kopie einzureichen. Vor Ausführung jeder Überweisung prüft die Bank, ob diese durch den Vertrag gedeckt ist. Auch vor Gutschrift einer Überweisung aus dem Ausland kann eine solche Kontrolle erfolgen.

In Vietnam registrierte Unternehmen dürfen in der Regel im Ausland keine Bankkonten eröffnen.

2.5.2 Einsatz ausländischen Kapitals in Vietnam

Die Verwendung von ausländischem Kapital in Vietnam ist eingeschränkt und wird kontrolliert. Investitionen in Vietnam sind sicher und der normale Geschäftsbetrieb ist nicht kompliziert. Es können jedoch Probleme auftreten, wenn der ausländische Investor oder das Management in Vietnam die verschiedenen Vorschriften nicht vollständig einhalten. Die administrativen Anforderungen sind eine erhebliche Herausforderung.

Auf Grund aktuell geänderter Vorschriften ist damit zu rechnen, dass die Einhaltung dieser Anforderungen vermehrt kontrolliert werden wird.

2.5.2.1 Die verschiedenen Formen der Verwendung von ausländischem Kapital

2.5.2.1.1 *Geschäftsvertrag*

Beschränkt sich die Investition auf die Verpflichtungen aus einem Vertrag, steht der ausländische Auftragnehmer vor keinen außergewöhnlichen Herausforderungen. Allerdings muss im Fall der Überweisung von Geld durch eine Kopie des Vertrages und der Rechnung sowie ggf. der Zolldokumente nachgewiesen werden, dass die Überweisung zu Recht erfolgt und welcher Natur die Zahlung ist. Dies gilt im Grundsatz nicht nur für Überweisungen aus Vietnam, sondern auch für Überweisungen nach Vietnam. Bei ausgehenden Zahlungen ist auch die Zahlung der Quellensteuer zu belegen. Die Geschäftsbanken kontrollieren dies im Auftrag der Staatsbank. Nicht in jedem Fall werden alle Anforderungen in vollem Umfang umgesetzt, es muss aber damit gerechnet werden.

2.5.2.1.2 Aufbau einer eigenen Geschäftspräsenz in Vietnam

Wenn der ausländische Investor seine Geschäftspräsenz in Vietnam aufbauen möchte, kann er eine Zweigniederlassung oder ein Unternehmen mit ausländischer Beteiligung als GmbH oder Aktiengesellschaft registrieren. Die Zweigniederlassung ist ein Ausnahmefall und soll hier außer Betracht bleiben. Unterschiede zwischen einer GmbH und Aktiengesellschaft bestehen insoweit nicht. Diese Investition muss im Investitionsregistrierungszertifikat (Investment Registration Certificate – IRC) oder ähnlichen Dokumenten genehmigt werden.

2.5.2.1.3 Investitionsregistrierungszertifikat

Das IRC legt die wichtigen Rahmenbedingungen der beabsichtigten Investition fest, insbesondere den Zweck, den Umfang, den Standort und das Kapital der Investition. Diese Genehmigung bestimmt und beschränkt zugleich das Recht des Investors, Geld nach Vietnam zu überweisen. Vor allem beinhaltet sie die Verpflichtung des ausländischen Investors, die festgelegte Investition zu tätigen. Die Genehmigung kann ggf. später geändert werden.

Die Entscheidung über die in das IRC aufgenommene ausländische Investition wird dann durch die Registrierung der Tochtergesellschaft umgesetzt.

2.5.2.1.4 Das Investitionskapital

Das Investitionskapital besteht aus zwei Teilen. Zum einen die Verpflichtung, auf das Stammkapital der neu einzutragenden GmbH einen bestimmten Fremdwährungsbetrag zu zahlen, zum anderen die Gewährung langfristiger Darlehen.

2.5.2.1.5 Stammkapital

Der Investor muss diese Zahlung innerhalb von 90 Kalendertagen nach Registrierung der GmbH durch Ausstellung des Enterprise Registration Certificate (ERC) leisten. Diese Zahlung muss auf ein bestimmtes Bankkonto, das Direct Investment Capital Account (DICA), erfolgen.

An dem Tag, an dem dieser Betrag gutgeschrieben wird, wird die Höhe des Stammkapitals durch Anwendung des Einkaufswechselkurses der Geschäftsbank der GmbH festgelegt. Das Investitionszertifikat und das ERC geben einen bestimmten Betrag an Stammkapital in Dong an. Der genaue Betrag des Stammkapitals wird aber nicht durch diese Zertifikate bestimmt, sondern durch Anwendung des genannten Wechselkurses ermittelt. Der rechtlich verbindliche Wert ergibt sich aus der korrekten Buchhaltung und aus den Jahresabschlüssen. Er kann nur in Dong bestimmt werden. Angaben in anderen Währungen dienen nur Informationszwecken und sind rechtlich unverbindlich. In den meisten Fällen wird der Betrag des Stammkapitals daher von der Angabe in dem IRC und dem ERC abweichen. Dies ist eine unerfreuliche Unstimmigkeit in der Gesetzgebung, die zu einigen Missverständnissen führt. Leider gibt es kein behördliches Dokument, aus dem sich der genaue Betrag des Stammkapitals ergibt.

Das eingezahlte Kapital kann in den meisten Fällen sofort für geschäftliche Zwecke verwendet werden, muss aber zunächst von dem DICA auf das Geschäftskonto überwiesen werden.

Wird das Kapital nicht fristgerecht eingezahlt, entstehen ernsthafte Probleme. Die gesetzlichen Vorschriften sehen keinen Mechanismus zur Behebung dieses Mangels vor, mit Ausnahme der Auflösung der GmbH oder der Herabsetzung des Beteiligungskapitals.

Voraussetzung für die Erstattung der Umsatzsteuer durch das Finanzamt an die GmbH ist, dass das Kapital ordnungsgemäß und ohne Abzüge auf das DICA eingezahlt wurde.

Die Erfassung von Zinsen als abzugsfähige Kosten setzt voraus, dass das Gründungskapital korrekt gezahlt wird.

2.5.2.1.6 *Sacheinlage*

Der Investor kann das Stammkapital auch als Sacheinlage einbringen. Die Investition kann z. B. die Einbringung der Produktionsausrüstung sein. Die Art der Investition muss im Antrag für die Erteilung des Investitionszertifikates angegeben werden. Hinsichtlich der Lizenzierung ist dies unproblematisch.

Wenn aber eine Vorsteuererstattung beantragt wird, kommt es in der Regel zu einer Betriebsprüfung durch das Finanzamt. Diese Situation kann sich z. B. aus der Entrichtung der Einfuhrumsatzsteuer bei Import der Produktionsanlage ergeben.

Eine der Voraussetzungen für die Erstattung der Vorsteuer ist die vollständige und korrekte Einbringung des Stammkapitals. Hierbei kann das Finanzamt im Fall einer Sacheinlage die Werthaltigkeit der eingebrachten Güter hinterfragen und ggf. abweichend schätzen. Aus diesem Grund ist in der Regel von der Kapitalerbringung durch eine Sacheinlage abzuraten.

2.5.2.1.7 *Kosten vor der Gründung*

Wenn der Investor Ausgaben hat, bevor die GmbH gegründet wird, können diese Ausgaben als Zahlung auf das Stammkapital behandelt werden. Die Bedingung ist, dass der Investor strenge formale Anforderungen einhält und in den meisten Fällen ein spezielles Bankkonto des ausländischen Investors in Vietnam eröffnen muss, um diese Ausgaben zu tätigen. In diesem Fall kann die gezahlte vietnamesische Umsatzsteuer als Vorsteuer der GmbH erfasst werden.

Unter den gleichen Bedingungen können die Vorgründungskosten auch als Darlehen des Investors an die künftige GmbH behandelt werden. Die GmbH wird dann dieses Darlehen unmittelbar nach Gutschrift des Stammkapitals an den Investor zurückzahlen.

Beide Optionen erfordern eine sorgfältige Handhabung.

Da im Fall der Behandlung als Darlehen die Einzahlung des Stammkapitals als Überweisung erfolgt, ist diese Lösung im Hinblick auf die steuerliche Betriebsprüfung von Vorteil.

2.5.2.1.8 Langfristige Darlehen

Bei der Beantragung des IRC muss der Investor angeben, ob das Projekt ausländische Kredite mit einer Laufzeit von mehr als einem Jahr erhält (der vietnamesische Begriff steht für „mittel- und langfristige Kredite"). Gemeint sind Verträge mit einer Laufzeit von mehr als einem Jahr. Die konkreten Kreditbeträge und Laufzeiten der Kredite sind im IRC nicht angegeben. Die Summe aller langfristigen Kredite darf zu keiner Zeit den genehmigten Höchstbetrag überschreiten und die Laufzeit darf die im IRC lizenzierte Projektdauer nicht überschreiten. Die GmbH kann innerhalb dieses Höchstbetrags langfristige Auslandsdarlehen vom Investor, anderen Parteien oder einer Bank erhalten.

In der Vergangenheit haben einige lokale Behörden nicht kontrolliert, ob diese langfristigen Darlehen gewährt wurden. Kürzlich ist eine Verwaltungsanordnung ergangen, dies zu ändern. Nun müssen die örtlichen Behörden aktiv kontrollieren, ob diese Investitionsverpflichtung erfüllt ist. Dies ist nicht einfach, da im Antrag zur Erteilung des IRC und im IRC keine Angaben zu dem Zeitpunkt gemacht werden, zu dem die langfristigen Darlehen an die GmbH ausgereicht werden sollen. Es muss sich aber aus der Kapitalplanung des Unternehmens ergeben.

Sobald feststeht, dass der genehmigte Kreditrahmen nicht benötigt wird, muss eine Änderung des IRC beantragt werden. Gleiches gilt, wenn dieser Rahmen erweitert werden muss.

Das spezifische langfristige Darlehen muss bei der Staatsbank registriert und genehmigt werden, bevor das Geld an die GmbH überwiesen wird.

Die GmbH darf den genehmigten Kreditrahmen nutzen, um langfristige Darlehen zu bestimmten Zwecken aufzunehmen.

- das Investitionsvorhaben im Rahmen der GmbH oder mittels einer Tochtergesellschaft umzusetzen, oder
- seine Auslandsschulden umzustrukturieren. Dabei dürfen die Kreditkosten nicht erhöht werden.

Diese Zwecke dürfen bei der Aufnahme langfristiger Darlehen kombiniert werden.

Die Bestimmung, dass die Kreditkosten nicht erhöht werden dürfen, wird streng kontrolliert. Die Staatsbank definiert diese als

„Gesamtkosten, die als jährlicher Prozentsatz des Darlehensumsatzes umgerechnet werden, einschließlich des Zinssatzes für ausländische Darlehen und anderer Kosten im Zusammenhang mit dem ausländischen Darlehen, die der Darlehensnehmer an den Darlehensgeber, die Darlehensbürgen, die Versicherer des Darlehens, Agenten usw. zahlen muss sowie an andere verbundene Parteien."[7]

Die Konditionen können zwischen den Parteien vereinbart werden. Allerdings behält sich die Staatsbank das Recht vor, eine Obergrenze für diese Kosten festzulegen.

Eine detaillierte Bestimmung dieser Obergrenze ist in der Diskussion und mit deren Erlass ist zu rechnen.

Geplant ist eine formale Anknüpfung an bestimmte Zinssätze der Staatsbank.

Zudem muss die GmbH verschiedene verbindliche Angebote von ausländischen Banken für die Gewährung des Darlehens einholen. Daraus ist eine Übersicht zu erstellen, die der Geschäftsführer persönlich unterschreiben muss unter Versicherung der Vollständigkeit und Richtigkeit.

Der Staatsbank ist eine entsprechende Schätzung der Kreditkosten vorzulegen. Für kurzfristige Darlehen muss diese Schätzung der Geschäftsbank vorgelegt werden.

Die endgültige Regelung wird vermutlich in Einzelheiten etwas anders sein. Klar ist aber, dass der administrative Aufwand ganz erheblich

---

[7] Artikel 2 (5), Rundschreiben 12 (Circular 12/2014/TT-NHNN SBV).

ist und ohne eine sehr sorgfältige Buchhaltung kaum erfolgreich bewältigt werden kann.

2.5.2.1.9 Kurzfristige Darlehen

Die GmbH kann Kredite mit einer Laufzeit von weniger als einem Jahr erhalten, ohne dass diese im IRC berücksichtigt oder von der SBV genehmigt werden müssten. Zweck des Kurzzeitdarlehens ist ausschließlich die Finanzierung kurzfristiger Geschäftszwecke. Ein kurzfristiger Zweck bedeutet, dass die GmbH die Mittel für weniger als ein Jahr benötigt.

Die Verwendung eines kurzfristigen Darlehens zur Rückzahlung eines anderen kurzfristigen Darlehens gilt als Umgehung der Vorschriften und Beschränkungen für die Aufnahme langfristiger Darlehen. In diesem Fall ist ersichtlich, dass das Unternehmen Geschäftstätigkeiten ausübt, die eine langfristige Finanzierungsquelle erfordern.

Die Parteien können ein kurzfristiges Darlehen in ein langfristiges Darlehen umwandeln. Die Voraussetzungen gleichen der direkten Vereinbarung eines langfristigen Darlehens. Auch diese Umwandlung muss von der Staatsbank genehmigt werden.

Kurzfristige Darlehen dürfen nicht verwendet werden, um Darlehen zu tilgen, die der GmbH aus Vietnam heraus gewährt wurden. Sie dürfen auch nicht verwendet werden, um Schulden aus dem Wertpapierhandel oder der Beteiligung an anderen Unternehmen oder dem Kauf von Immobilien ergeben.

Der Verwendungszweck des betreffenden kurzfristigen Darlehens muss detailliert in einem Darlehensverwendungsplan festgehalten werden. Die Geschäftsbanken sollen die Vorlage des Plans verlangen.

2.5.2.1.10 Berichtspflichten

Die GmbH muss fortlaufend Berichte über die Verwendung des Kapitals vorlegen. Dies sind Berichte über den Umsetzungsstand des Investitionsvorhabens und den Umsetzungsstand der Darlehen.

2.5.2.1.11 Berichte an die State Bank of Vietnam

Kurzfristige Kredite
- Registrierungsbericht für kurzfristige Darlehen: Ein Bericht, aus dem hervorgeht, dass die Verwendung kurzfristiger Kredite den Vorschriften über die Zulassungsbedingungen für kurzfristige Auslandskredite entspricht. Nachweise sind beizufügen.
- Vierteljährlicher Basisbericht: Überprüfungsbericht über die Aufnahme ausländischer Kredite und die Rückzahlung kurzfristiger ausländischer Kredite, die nicht von der Regierung garantiert sind.

Lang- (und mittel-)fristige Darlehen
- Vierteljährlicher Basisbericht: Überprüfungsbericht über die Aufnahme von Auslandskrediten und die Rückzahlung von lang- und mittelfristigen Auslandskrediten, die nicht von der Regierung garantiert sind.

2.5.2.1.12 Berichte an die örtliche Behörde, die Abteilung für Planung und Investitionen

Regelmäßige Supervisions- und Bewertungsberichte
- Bericht über die regelmäßige Überwachung und Bewertung der Investitionsrealisierung für Investitionsprojekte. Dieser Bericht ist halbjährlich, jährlich zusammenfassend und bei Anpassung des Projekts für den Zeitraum vom Beginn des Projekts bis zum Datum der Anpassung sowie bei Beendigung des Projekts vorzulegen.
- Bericht über den Stand der Umsetzung des Investitionsvorhabens. Dieser Bericht ist vierteljährlich und zusammenfassend jährlich vorzulegen.

2.5.3 Probleme bei Nichteinhaltung der das Kapital betreffenden Vorschriften

Wenn das Gründungskapital nicht innerhalb von 90 Kalendertagen bezahlt wurde, muss die GmbH möglicherweise aufgelöst werden. Fehlt aufgrund des Abzugs von Bankgebühren ein auch nur geringfügiger Betrag, muss das IRC geändert werden, um die Kapitaleinlageverpflichtung entsprechend zu reduzieren.

Wenn das Kapital nicht korrekt bezahlt wurde, ist eine Mehrwertsteuererstattung nicht zulässig.

Wenn die Planung und Verwaltung der Kapitalverwendung mangelhaft sind, kann dies im Falle einer Betriebsprüfung zu Strafen führen. Gleiches gilt, wenn die Berichterstattung unterbleibt oder unzureichend ist.

Der sachliche Blickwinkel der Überwachung durch die Staatsbank, die Geschäftsbanken und die Verwaltung überschneidet sich mit dem Blickwinkel der Steuerverwaltung. Betriebsprüfungen können daher auch zu Prüfungen durch andere Behörden führen.

2.5.4 Rückführung von ausländischem Kapital

Die Rückführung von Kapital ist bei Einhaltung der relevanten Vorschriften nicht problematisch. Der erforderliche Betrag kann jeweils von VND in ausländische Währung übertragen werden, sofern der Betrag ausländischer Währung auf dem Devisenkonto nicht ausreichend ist.

- Darlehen mit Zinsen können zurückgezahlt werden. Für langfristige Darlehen muss die Rückzahlung zu dem von der Staatsbank genehmigten Zeitpunkt erfolgen. Ggf. muss diese Genehmigung zunächst geändert werden, um eine frühere oder spätere Rückzahlung oder die Leistung eines Teilbetrages zu ermöglichen. Auf die Zinsen muss Quellensteuer berechnet und zugleich mit der Überweisung des Darlehensbetrages abgeführt werden.
- Gewinne nach Steuern können unbeschränkt an den Eigentümer überwiesen werden. Ist der Eigentümer ein Unternehmen, fällt keine Quellensteuer an. Sind mehrere Personen Eigentümer, fällt eine Quellensteuer von 5 % an.
- Ist nur eine natürliche Person Eigentümer der Gesellschaft, fällt bei Ausschüttung des Gewinns nach Steuern keine Quellensteuer an. Bezieht diese Person von der Gesellschaft Einkommen, müssen die

Ausgaben als nicht abzugsfähig verbucht werden. Das Einkommen unterliegt aber der Einkommensteuer. Dieses Modell ist attraktiv für Personen, die kein Gehalt beziehen möchten bzw. müssen, sondern mit Erhalt des Gewinns nach Steuern rechnen können. Dann ist die effektive Steuerbelastung auf 20 % des ermittelten Gewinns beschränkt.

- Im Fall einer Kapitalreduzierung kann das frei gewordene Kapital zurückgeführt werden, allerdings in der Regel erst nach einer Steuerprüfung. Bei Strukturierung des Investitionskapitals sollte daher geprüft werden, ob eine teilweise Rückzahlung zu einem späteren Zeitpunkt geplant ist. In diesem Fall ist es einfacher, diesen Betrag als langfristiges Darlehen in die Struktur einzubeziehen.

Ihr Transfer in die Praxis

- Planen Sie genau, welche Aktivitäten Sie in Bezug auf Vietnam oder in Vietnam ausüben wollen.
- Erarbeiten Sie ein Personalkonzept, welches die Vorzüge eines europäisch geführten Unternehmens zur Geltung bringt.
- Planen Sie den notwendigen Zu- und Abfluss von Kapital genau.

3

Markteintritt

> **Was Sie aus diesem Kapitel mitnehmen**
> - Die Bedeutung der Kenntnis von wirtschaftlichen und rechtlichen sowie kulturellen Rahmenbedingungen Vietnams.
> - Eine Übersicht über verschiedene Gestaltungsmöglichkeiten des Markteintritts.
> - Die Anforderungen an das Management in Vietnam.

3.1 Grundlagen

Der Umgang mit Vietnamesen ist nicht kompliziert. Wenn der europäische Besucher mit Offenheit und ohne Überheblichkeit sich auf die Besonderheiten Vietnams einlässt und zugleich mit großer Klarheit die eigenen Vorstellungen deutlich macht, ist eine erfolgreiche Geschäftsentwicklung nicht schwierig.

Für ein europäisches Unternehmen, das den Markteintritt in Vietnam plant, gibt es verschiedene Aspekte, die besonders wichtig sind. Hier sind einige davon:

Marktanalyse Eine gründliche Marktanalyse ist ein wichtiger erster Schritt. Unternehmen sollten sich über die spezifischen Bedürfnisse und Erwartungen der vietnamesischen Verbraucher sowie die Wettbewerbslandschaft informieren. Der Markt entwickelt sich rasant. Was vor einigen Jahren noch gefragt war, ist jetzt in Vietnam bereits verfügbar. Früher war es in vielen Fällen ausreichend ein qualitativ hochwertiges Produkt zu verkaufen. Jetzt ist es in vielen Bereichen erforderlich, dass Service vor Ort mit angeboten wird.

Kulturelles Verständnis Vietnam hat eine andere Kultur und Geschäftsetikette als viele europäische Länder. Es ist wichtig, diese Unterschiede zu verstehen. Dabei ist von besonderer Bedeutung, das eigene Kulturverständnis mit freundlicher Klarheit zu vertreten. Die Anpassung an vietnamesische Gepflogenheiten sollte ihre Grenze dort finden, wo diese als Mangel an Selbstbewusstsein missverstanden werden könnte.

Rechtliche Rahmenbedingungen Unternehmen sollten die spezifisch für ihr Vorhaben geltenden vietnamesischen rechtlichen und tatsächlichen Rahmenbedingungen in Erfahrung bringen.

Vertriebskanäle Unternehmen sollten die Vertriebskanäle in Vietnam analysieren und prüfen, ob es erforderlich ist, neue Vertriebskanäle zu entwickeln oder bestehende anzupassen.

Sprache Obwohl Englisch in Vietnam relativ verbreitet ist, kann es dennoch von Vorteil sein, bei Verhandlungen einen eigenen Dolmetscher zu verpflichten.

Partnerfindung Für viele Geschäftsbereiche ist es unerlässlich, einen vietnamesischen Partner zu finden. Für manche ist es rechtlich zwingend und für andere ist es aus wirtschaftlichen Gründen von erheblichem Vorteil. Die Auswahl an möglichen Partnern ist groß, da viele Vietnamesen sich sehr gerne als Partner anbieten. Die fast immer sehr große und ehrliche Freundlichkeit sollte nicht dazu führen, die Überprüfung der rechtlichen und tatsächlichen Befähigungen zu unterlassen. Die Zeit, in der Beziehungen der alles entscheidende Faktor waren, ist vorbei.

Für den Aufbau einer tragfähigen Beziehung ist es auch in Vietnam wichtig, dem Partner zuzuhören und zu versuchen, seine Interessen so genau wie möglich zu verstehen.

Bei der Suche nach einem vietnamesischen Partner sowie der Information über die Gegebenheiten in Vietnam sind die jeweiligen Außenhandels Vertretungen behilflich.

Für Deutschland ist dies die AHK Vietnam, für Österreich Advantage Austria und für die Schweiz der Business Hub ASEAN.[1]

Finanzierung Der finanzielle Aufwand ist erheblich und sollte sorgfältig kalkuliert werden.

Diese Aspekte sind nur einige der wichtigen Faktoren, die ein europäisches Unternehmen berücksichtigen sollte, wenn es den Markteintritt in Vietnam plant. Ein sorgfältiger Planungsprozess, der diese Aspekte berücksichtigt, kann dazu beitragen, das Risiko zu minimieren und den Erfolg auf dem vietnamesischen Markt zu maximieren.

3.2 Vietnamesische Geschäftskultur

Für vietnamesische Partner ist der persönliche freundschaftliche Umgang noch wichtiger als für Europäer. Sie erwarten in der Regel, dass der europäische Partner sich darauf einlässt, aber die eigene Geschäftskultur mitbringt. Wichtige Punkte sind:

Hierarchie In Vietnam ist eine klare Hierarchie in der Geschäftswelt zu beobachten. Diejenigen mit höherem Status werden respektiert und erwartet, dass sie Entscheidungen treffen. Hierarchien können sich auf Geschlecht, Alter oder Position beziehen. Der Europäer sollte dies respektie-

---

[1] Für Einzelheiten zu den Dienstleistungen und die Kontaktdaten siehe im Internet:
  AHK: https://vietnam.ahk.de/
  Advantage Austria: https://www.advantageaustria.org/vn/Startseite.en.html
  Business Hub ASEAN: https://www.eda.admin.ch/countries/vietnam/de/home/vertretungen/botschaft/swiss-business-hub.html.

ren, aber nicht kopieren. Viele junge Vietnamesen wollen in einem modernen europäischen Betrieb arbeiten, weil sie fachlich ernst genommen werden wollen und sich nicht in einer formalen Hierarchie Personen ohne gute Fachkenntnisse unterordnen wollen.

Beziehungen Geschäftsbeziehungen in Vietnam sind sehr wichtig. Es ist üblich, Zeit damit zu verbringen, eine Beziehung zu einem potenziellen Geschäftspartner aufzubauen, bevor man über Geschäfte spricht. Da die Grenze zu Korruption hier nicht immer sofort klar ist, sollte der europäische Partner recht bald freundlich klar machen, was seine Geschäftspolitik ist.

Gesicht Das „Gesicht" zu wahren ist in Vietnam wichtig, was bedeutet, dass man die Würde des Partners, seinen Ruf und seine soziale Position bewahren sollte. Kritik oder öffentliches Bloßstellen kann Gesichtsverlust verursachen, was sowohl für den Einzelnen als auch für das Unternehmen negative Auswirkungen haben kann. Dies bedeutet, dass der europäische Partner vor einer öffentlichen Konfrontation dem vietnamesischen Partner im vertraulichen Gespräch Gelegenheit geben sollte, einzulenken. Es bedeutet nicht, die Konfrontation, um jeden Preis zu vermeiden.

Bescheidenheit In Vietnam wird Bescheidenheit und Zurückhaltung geschätzt. Es ist unangemessen, mit Erfolgen oder Leistungen zu prahlen. Allerdings wird der europäische Partner wegen seiner professionellen Fähigkeiten geschätzt und diese sollten daher auch dargestellt werden.

Verhandlung Verhandlungen in Vietnam können lange dauern und unerwartete Wendungen nehmen. Geduld ist angebracht.

Geschenke Geschenke sind in Vietnam ein wichtiger Bestandteil der Geschäftskultur. Kleine Geschenke oder Aufmerksamkeiten können eine Möglichkeit sein, den Geschäftspartner zu ehren und das Vertrauen aufzubauen.

Etikette Etikette und Höflichkeit sind in Vietnam sehr wichtig. Dem Rahmen angemessene Kleidung ist wichtig.

Der Plan Zur europäischen Kultur gehört es, einen Plan zu machen und diesem dann auch zu folgen. In Vietnam herrscht sehr viel Spontaneität. Es ist eine Herausforderung, zwischen diesen beiden Polen die richtige Mischung zu erreichen. Europäischen Vorstellungen schadet ein Mehr an Flexibilität oft nicht. Dem vietnamesischen Partner sollte es zu einem passenden Zeitpunkt erklärt werden, warum es für größere Projekte wichtig ist, einem Plan zu folgen, den man ggf. ändern kann aber nicht ignorieren sollte.

Genauigkeit Die vietnamesische Arbeitskultur kennt Bereiche, in denen sehr genau und nach einem sehr genauen Plan gearbeitet wird. In vielen Bereichen ist aber auch die Sichtweise üblich, ein bestimmtes Maß an Genauigkeit sei „gut genug." Für den Erfolg des eigenen Vorhabens ist es zwingend erforderlich, die eigenen Anforderungen auch in dieser Hinsicht freundlich und deutlich zu formulieren. Dies ist u. U. eine Daueraufgabe.

Nord und Süd Es bestehen erhebliche Unterschiede zwischen Nord- und Südvietnam. So sind die Menschen im Norden oft mehr auf Förmlichkeit und Höflichkeit bedacht, wogegen im Süden vielfach sehr viel direkter gesprochen wird.

3.3 Gestaltungsmöglichkeiten

Es können sehr verschiedene Modelle gewählt werden. Deren Vor- und Nachteile sollen hier kurz skizziert werden.

3.3.1 Vertrieb ohne Präsenz in Vietnam

Hat der ausländische Unternehmer in Vietnam keine eigene Präsenz, benötigt er einen qualifizierten und starken Partner in Vietnam.

Der Vorteil ist, dass der Aufwand für den ausländischen Unternehmer sehr begrenzt ist.

Der Nachteil ist, dass er keine wirksame Kontrollmöglichkeit hinsichtlich der Aktivitäten des Partners hat. Ist er inaktiv oder arbeitet er nicht mit der erforderlichen Sorgfalt, bleibt dem ausländischen Unternehmer oft nur, nochmal von vorn zu beginnen.

3.3.2 Repräsentationsbüro

Der ausländische Unternehmer kann ein Repräsentationsbüro einrichten. Der Rahmen der zulässigen Tätigkeit ist sehr begrenzt, sodass dies nur in wenigen Fällen eine sinnvolle Investition ist.

Der Vorteil liegt im relativ geringen Aufwand für die Registrierung und der Nachteil in der sehr begrenzten zulässigen Tätigkeit.

3.3.3 Joint Venture

Die Errichtung eines Joint Ventures erfolgt meistens in der Form einer GmbH oder einer Aktiengesellschaft. Für einige Geschäftsfelder ist es rechtlich zwingend, einen vietnamesischen Partner einzubeziehen. Und für andere Geschäftsfelder ist es wirtschaftlich unvermeidbar einen vietnamesischen Partner zu haben und für diese Fälle kann es sinnvoll sein, ein Joint Venture zu vereinbaren.

Wie bei jedem Gemeinschaftsunternehmen bringt dies zusätzlichen Managementaufwand mit sich. Wenn kein Vertrauter des ausländischen Investors vor Ort im Management ist, bleibt die Kontrolle des Geschäfts schwierig.

Wenn es keine rechtlich zwingenden oder wirtschaftlich starken Gründe für ein Joint Venture gibt, sollte einer 100 % im Eigentum des Investors stehenden Gesellschaft der Vorzug gegeben werden.

3.3.4 100 % ausländisch gehaltene Präsenz

Für die meisten Fälle einer ausländischen Investition ist es vorteilhaft, wenn der Investor der alleinige Eigentümer ist. Dies begrenzt den Managementaufwand da keine Kontrolle des Partners notwendig ist.

Die Kooperation mit einem vietnamesischen Partner kann in diesem Fällen auf vertraglicher Grundlage sinnvoll vereinbart werden. So ist es in vielen Fällen effektiv, wenn der ausländische Investor mittels seiner Gesellschaft die eigenen Produkte importiert und mittels der Gesellschaft in Vietnam begleitende Dienstleistungen anbietet, sich hinsichtlich des Verkaufs aber darauf beschränkt ausgewählte Vertriebspartner zu beliefern. Diesen Vertriebspartner obliegt es dann, die Endkunden zu betreuen und zu beliefern. Ein solches Modell ist immer dann von erheblichem Vorteil, wenn in dem Geschäftsfeld Praktiken zu finden sind, die für den Investor nicht akzeptabel sind. In manchen Bereichen ist Korruption anzutreffen. Die Zahlung von illegalen Provisionen an den Einkäufer findet gelegentlich statt.

Der Vorteil einer im Alleineigentum des Investors stehenden Präsenz ist die erleichterte Kontrolle und das einfachere Management. Allerdings ist in der Regel eine erhebliche Kapitalausstattung notwendig.

3.3.5 Management

Der europäische Investor sollte in Vietnam durch eine fachlich kompetente Person des Vertrauens aus Europa vertreten sein. Es ist sehr wichtig, die Unternehmenskultur des Mutterhauses in Vietnam zu vertreten da diese einen sehr wichtigen Vorzug des Unternehmens für Kunden und Mitarbeiter darstellt. Für die Erbringung von Dienstleistungen und die Produktion ist dies jedenfalls am Beginn der Tätigkeit unerlässlich. Nach einiger Zeit können diese Aufgaben von Vietnamesen übernommen werden.

Jenseits der rechtlichen Rahmenbedingungen ist es wichtig, den Mitarbeitern fachliche und persönliche Perspektiven zu bieten. Die fachliche Auseinandersetzung mit den Experten aus Europa und den Managern vor Ort ist gewünscht, da sie den Mitarbeitern hilft, die eigenen Fähigkeiten zu entwickeln. Sie möchten in ihrer fachlichen Qualifikation wahrgenommen werden und nicht nur als ein Teil einer Hierarchie. Dies lässt sich in der Regel nur umsetzen, wenn fachlich kundige Personen aus Europa vor Ort sind. Unterbleibt dies, besteht die Gefahr, dass die fachliche Qualität der Arbeit durch eine starke Orientierung an der Hierarchie in das Hintertreffen gerät.

Für manche Investoren ist die Gewinnung geeigneter Personen für das Management in Vietnam eine Herausforderung, weil die Bereitschaft im Ausland zu arbeiten nicht überall ausgeprägt ist.

Ihr Transfer in die Praxis

- Für einen wirtschaftlichen Erfolg ist es neben der genauen Erkundung der Rahmenbedingungen besonders wichtig, den eigenen Wert des Investors klar und freundlich zu betonen.
- Ohne einen auf gründliche Kenntnis gestützten Plan kann die Investition in eine schwierige Lage geraten.

4

Einführung in das Steuerrecht

> **Was Sie aus diesem Kapitel mitnehmen**
> - Einen Überblick über die wesentlichen Steuerarten für in Vietnam registrierte Unternehmen.
> - Eine Einführung in die Quellenbesteuerung ausländischer Geschäftstätigkeit in Bezug zu Vietnam.
> - Eine Einführung in die Einkommensteuerpflicht von Personen, die in Vietnam arbeiten.
> - Hinweise zu den Anforderungen an die Geschäftsorganisation und Buchhaltung.

Das Steuerrecht Vietnams ist nicht einfach. Die Buchhaltung muss hohe Anforderungen erfüllen. Da zahlreiche Besonderheiten zu berücksichtigen sind und weil alle Erklärungen in vietnamesischer Sprache erfolgen müssen, ist eine sehr qualifizierte Buchhaltung in Vietnam zwingend.

Manches vietnamesische Unternehmen versucht, diesen Anforderungen und der Steuerlast zu entgehen, indem nur ein Teil des Geschäfts in der offiziellen Buchhaltung erfasst wird. Derlei Tendenzen werden immer weniger toleriert, die Kontrollen der Steuerverwaltung werden fortlaufend strenger.

Die Möglichkeiten, gegen ungünstige Entscheidungen der Verwaltung vorzugehen, sind gegeben, die praktische Handhabung ist aber unter Umständen nicht einfach.

Es soll hier ein Überblick über die wesentlichen Steuerarten gegeben werden. Gesondert betrachtet wird die Besteuerung der unternehmerischen Tätigkeit von ausländischen Unternehmen in Vietnam die sich nicht in Vietnam registriert haben.

4.1 Körperschaftsteuer

Körperschaftsteuer[1] (KSt) wird erhoben auf den Gewinn von Körperschaften, aber auch Personengesellschaften und Einzelunternehmen. Insofern ist die Bezeichnung im Deutschen als Körperschaftsteuer zweifelhaft; für die meisten Unternehmen ist die Korrespondenz aber zutreffend.

Der aktuelle Steuersatz für die KSt ist 20 %. Es finden zahlreiche Steuererleichterungen Anwendung.

4.1.1 Steuersubjekt

Steuerpflichtig ist jede Organisation, welche produziert, Handel treibt oder Dienstleistungen erbringt. Der Begriff der Organisation in diesem Sinne ist weit gefasst und umfasst insbesondere:

- Unternehmen, die gemäß den Gesetzen Vietnams registriert sind
- Unternehmen, die außerhalb Vietnams registriert sind, auch ohne, dass diese eine Betriebsstätte in Vietnam gegründet haben unter noch näher zu erläuternden Voraussetzungen und Begrenzungen
- Genossenschaften
- Einzelunternehmen
- alle anderen Wirtschaftseinheiten, welche Einnahmen erzielen

---

[1] Gesetz Nr. 14/2008/QH12 über die Körperschaftsteuer, zuletzt geändert durch Gesetz Nr. 12/2022/QH15 vom 14.11.2022.

4.1.2 Umfang der Steuerpflicht nach dem Ort der Registrierung

Ob sich ein Unternehmen in vietnamesischem oder in ausländischem Eigentum befindet, ist unerheblich. Es besteht aber eine Differenzierung hinsichtlich des Ortes der Registrierung und der Betriebsstätte.

Unternehmen mit Registrierung in Vietnam
Diese sind in vollem Umfang mit ihrem weltweiten Einkommen steuerpflichtig.

Im Ausland registrierte Unternehmen mit Betriebsstätte in Vietnam
Diese haben das gesamte auf Vietnam bezogene Einkommen zu versteuern. Dies schließt ein:

- Einkommen der Betriebsstätte
- Einkommen in Vietnam, auch wenn es ohne Bezug zur Betriebsstätte entsteht
- Einkommen außerhalb Vietnams, welches mit Bezug zur Betriebsstätte entsteht

Im Ausland registrierte Unternehmen ohne Betriebsstätte in Vietnam
Diese haben das mit Bezug auf Vietnam bezogene Einkommen zu versteuern.

Quellensteuer
Da ein großer Anteil der im Ausland registrierten Unternehmen den in Vietnam bestehenden Steuerpflichten nicht nachkam, wurde eine Quellensteuer für ausländische Unternehmen eingeführt, welche gesondert betrachtet wird.

4.1.3 Steuerjahr

Das Steuerjahr umfasst zwölf Monate und kann entweder dem westlichen Kalender oder dem Geschäftsjahr des Unternehmens folgen. Ein Wechsel ist zulässig, darf aber nicht dazu führen, dass ein Steuerjahr mehr als zwölf Monate umfasst.

4.1.4 Berechnung der Körperschaftsteuer

Die Berechnung der Steuer erfolgt nach dem Schema in Tab. 4.1.

4.1.4.1 Umsatz

Allgemeines
Umsatz ist die Summe aller Erlöse insbesondere für Warenverkauf, Verarbeitung, Dienstleistungen einschließlich Preissubventionen, Kosten und Gebühren, unabhängig vom Zahlungseingang.

Unternehmen, welche die Umsatzsteuer unter Geltendmachung der Vorsteuer erklären und abführen, haben den Nettoumsatz zu versteuern. Erfolgt dies nicht, ist der Bruttoumsatz zu versteuern.

Der für die Besteuerung maßgebliche Zeitpunkt für die steuerliche Erfassung des Umsatzes ist für Warenverkauf der Eigentumsübergang und für Dienstleistungen deren vollständiger oder teilweiser Abschluss.

Umsätze in ausländischer Währung sind zum aktuellen Wechselkurs des Stichtages in VND zu buchen. Maßgeblich ist der Wechselkurs für Ankäufe der Geschäftsbank des Steuerzahlers.

Tab. 4.1 Berechnung der zu zahlenden vietnamesischen Körperschaftsteuer

Erzielter Umsatz
- abzugsfähige Kosten
+ sonstige Erträge, einschließlich der Erträge außerhalb Vietnams
= Einkommen innerhalb einer Periode
- steuerbefreites Einkommen
- Verlustvortrag aus Vorjahren
= steuerbares Einkommen innerhalb einer Periode
x geltender Steuersatz
= Steuerbetrag
- anrechenbare, im Ausland entrichtete Körperschaftsteuer
= **Steuer zahlbar in Vietnam**

Regelungen zu besonderen Sachverhalten
Der Umsatz von Waren und Dienstleistungen, die für Tausch, Spenden oder Eigenverbrauch verwendet werden, wird zu dem für den fraglichen Zeitpunkt geltenden Verkaufspreis verbucht.

Werden Waren und Dienstleistungen unter Ratenzahlung verkauft, ist der Gesamtpreis ohne Zinsen zu verbuchen.

Der Umsatz der Handelsagentur, welche im Namen eines Dritten verkauft, ist der Gesamterlös aus dem Warenverkauf, wenn der Dritte die Waren an die Handelsagentur geliefert hat. Werden die Waren nicht an die Handelsagentur geliefert, beschränkt sich der Umsatz auf die Provision. Maßgeblich ist der Warenstrom und nicht die vertragliche Gestaltung.

Umsatz für die Warenverarbeitung ist der dafür berechnete Betrag nebst Nebenkosten.

Leasingraten werden entsprechend den damit bezahlten Nutzungszeiträumen verbucht. Werden Leasingraten im Voraus gezahlt, werden sie auch in diesem Fall entsprechend den damit bezahlten Nutzungszeiträumen verbucht.

Der Umsatz für Bautätigkeiten bemisst sich nach dem Baufortschritt und entspricht dem Wertzuwachs des Gebäudes.

4.1.4.2 Abzugsfähige Kosten – Grundsätzliches

Die zutreffende Einordnung und Verbuchung von Kosten ist verhältnismäßig kompliziert und aufwendig. Schon manche Steuerprüfung hat bezogen hierauf zu unangenehmen Überraschungen geführt. Es besteht eine Vielzahl von inhaltlichen und formalen Anforderungen. Diese können nur von einer hoch qualifizierten internen oder externen Buchhaltung in Vietnam bewältigt werden.

Die mit der Komplexität der Regelungen verbundenen Herausforderungen haben so manches Unternehmen in Vietnam veranlasst, zwei Buchhaltungen zu fertigen. Eine für das Finanzamt und eine weitere für das laufende Geschäft. Mit nicht verbuchten Schwarzeinnahmen werden schwer zu verbuchende Ausgaben beglichen. So werden gleichzeitig die Steuern verkürzt.

Dies ist auch in Vietnam eindeutig illegale Steuerhinterziehung, die mehr und mehr auch tatsächlich verfolgt wird. Gerade ausländisch investierten Unternehmen ist von einem solchen Ansatz strikt abzuraten.

Generelle Auflistung
Längere Zeit hat das Finanzministerium zwei Listen veröffentlicht und fortgeschrieben: eine der abzugsfähigen und eine der nicht abzugsfähigen Kosten. Naturgemäß war es in vielen Fällen schwierig, Kosten eindeutig zuzuordnen. Das Finanzministerium ist dazu übergegangen, nur noch die nicht abzugsfähigen Kosten zu listen. Die Bedeutung der Positivliste ist aber nicht völlig entfallen, da viele Finanzbeamte auch jetzt noch gedanklich den positiven Nachweis der Abzugsfähigkeit erwarten.

Alle Aufwendungen, die nicht in der Auflistung der nicht abzugsfähigen Kosten erwähnt sind, können als abzugsfähig angesehen werden, wenn

- die Kosten tatsächlich entstanden sind und sich auf die wirtschaftlichen Aktivitäten des Unternehmens beziehen und
- durch die vom Gesetz geforderten Buchungsunterlagen, insbesondere die formale Rechnung, unterstützt sind. In der Regel ist auch ein schriftlicher Vertrag notwendig.

Rechnungen über den Kauf von Waren und Dienstleistungen im Wert von 20 Mio. VND (etwa 790 €) oder mehr dürfen nur unbar bezahlt werden.

Bei Bezug von Waren und Dienstleistungen aus Vietnam ist gefordert, die formale Rechnung zu den Buchungsunterlagen zu nehmen. Die Ausstellung dieser Rechnung erfolgt in der Regel elektronisch und ist aufwendig.

Aufwand in ausländischer Währung ist zum aktuellen Wechselkurs des Stichtages in VND zu buchen. Maßgeblich ist der Wechselkurs für Ankäufe der Geschäftsbank des Steuerzahlers.

Formale Rechnung
Dieses Dokument prägt das wirtschaftliche Handeln in Vietnam. Es ist die offizielle Umsatzsteuerrechnung. Früher hatten die Unternehmen einen durchnummerierten Rechnungsblock in staatlich lizensierten Be-

trieben drucken zu lassen. In diese wurde die Information zur Leistung und zum Leistungsempfänger eingesetzt, einschließlich dessen Steuernummer. Kleinste Fehler führen zur Ungültigkeit der Rechnung. Da die Ausfertigung für den Rechnungsempfänger in dem Durchschreibeformular in Rot gehalten war, entstand der Begriff „Rote Rechnung". Heute werden diese Rechnungen elektronisch erstellt und versandt.

4.1.4.3 Nicht abzugsfähige Kosten

Nicht abzugsfähig sind Kosten, die nicht tatsächlich dem Wirtschaftsbetrieb zuzuordnen sind, sowie solche, die 20 Mio. VND oder höher sind und bar gezahlt wurden oder nicht durch die geforderten formalen Belege belegt sind. Insbesondere führt das Fehlen der formalen Rechnung zur Nichtabzugsfähigkeit.

Als nicht abzugsfähig gelten zudem insbesondere:

- Aufwendungen für nicht gewerbliche Zwecke. So wurden z. B. die Kosten für einen im Büro aufgestellten Garderobenständer als nicht abzugsfähig eingeordnet, da nicht dem Gewerbe dienend.
- Rückstellungen
- Geldbußen für administrative Vergehen
- dem vietnamesischen Unternehmen zugeordnete Managementkosten der Konzernverwaltung, soweit die von der Steuerverwaltung anerkannten Sätze überschritten werden
- Aufwendungen für Vorsorgereserven, die die gesetzlichen Grenzen überschreiten
- Zinsen, soweit bestimmte Grenzwerte überschritten sind
- Vergütungen, die an Eigentümer gezahlt werden, soweit diese nicht unmittelbar im Management tätig sind
- Arbeitslohn, welcher an den Einzeleigentümer einer GmbH gezahlt wird
- Kostenersatz an Arbeitnehmer, wenn die Kosten nicht tatsächlich angefallen sind oder nicht in der geforderten Weise belegt sind
- Zinsen im Zusammenhang mit nicht eingezahltem Haftkapital
- Umsatzsteuer

- finanzielle Beihilfen mit Ausnahme von Beihilfen zur Überwindung der Folgen von Naturkatastrophen, zum Bau gemeinnützig genutzter Häuser und für Programme in besonderen sozioökonomischen Bereichen
- Aufwendungen für freiwillige Pensionierung, soweit die gesetzlich gegebenen Werte überschritten werden
- Aufwendungen für die Geschäftstätigkeiten der Banken, Versicherungen, Lotterien oder des Wertpapierhandels
- Abschreibungen für Anlagen, die nicht betrieblich genutzt werden
- Abschreibungen über den von der Verwaltung festgeschriebenen Werten
- Zinsen für verspätete Zahlung der Steuer
- Beiträge zur freiwilligen Rentenversicherung, soweit sie die festgelegten Obergrenzen übersteigen

4.1.4.4 Abzugsfähige Kosten – Detailregelungen

4.1.4.4.1 Fehlen der formalen Rechnung

Im Grundsatz sind Kosten nur abzugsfähig, wenn sie nicht nur tatsächlich entstanden, sondern auch durch vertragliche Unterlagen und insbesondere eine offizielle und formal korrekte Rechnung belegt sind.

Da das Ausstellen dieser Rechnungen an aufwendige Voraussetzungen gebunden ist, die mancher Kleinunternehmen in Vietnam nicht erfüllt, bestehen Ausnahmen. Das Unternehmen muss eine Liste über den Erwerb von Gütern und Dienstleistungen erstellen. Die Zahlungsbelege müssen vorhanden sein. In diesen Fällen ist auch Barzahlung zulässig. Diese Ausnahme beschränkt sich auf Fälle des Ankaufs von:

- landwirtschaftlichen Produkten, Fischen und Meeresfrüchten, auch aus Aquakultur direkt vom Erzeuger
- Produkten aus Rattan, Bambus, Schilf, Kokos oder Gras direkt vom Bauern
- Erden, Stein, Sand oder Kies von dem diese Bodenschätze direkt abbauenden Betrieb
- Schrott von Personen, die diesen selbst gesammelt haben

- Geräten und Dienstleistungen von einer Einzelperson, die keinen Wirtschaftsbetrieb unterhält
- Waren und Dienstleistungen eines Familienunternehmens oder einer Einzelperson, deren jährliche Einnahmen unter 100 Mio. VND (etwa 3900 €) liegen

Wenn die gelisteten Preise höher sind als die zum Zeitpunkt des Kaufs maßgeblichen Marktpreise, kann die Steuerverwaltung die abzugsfähigen Kosten in Ansehung der ermittelten Marktpreise selbst niedriger festlegen.

Für Unternehmen mit erheblichem Einkaufsvolumen in diesem Bereich ist es daher sehr ratsam, Informationen über den Marktpreis zu sammeln und zu dokumentieren.

4.1.4.4.2 Arbeitskosten

Die Abzugsfähigkeit der gezahlten Löhne und Gehälter für tatsächlich geleistete Arbeit ist unzweifelhaft. Allerdings müssen sie insbesondere den Regelungen der Arbeitsverträge entsprechen.

Bonuszahlungen, die sich auf eine Bewilligung des Arbeitgebers gründen, sich aber nicht eindeutig im Arbeitsvertrag wiederfinden, sind nicht abzugsfähig.

Alle Bonuszahlungen müssen detaillierten Anforderung an ihre Vereinbarung und Handhabung genügen.

Alle Vereinbarungen müssen schriftlich gefasst sein, also von beiden Vertragsparteien unterzeichnet werden. Eine für den Arbeitnehmer günstige Entscheidung des Arbeitgebers über eine zusätzliche Zahlung stellt keine Ausnahme dar.

Von besonderer praktischer Bedeutung ist die Zahlung des Arbeitgebers für die Unterkunft des Arbeitnehmers: Übernimmt der Arbeitgeber die Kosten der Wohnung für den Arbeitnehmer in der Weise, dass er die Wohnung oder das Hotel direkt übernimmt und unbar zahlt, handelt es sich um abzugsfähige Kosten. Diese Zuwendung muss im Arbeitsvertrag benannt sein. Für den Arbeitnehmer unterliegt dieser Vorteil der Einkommensteuer. Hier greift aber eine Begrenzung: Der zu versteuernde Betrag ist begrenzt auf 15 % des Einkommens ohne diesen Vorteil. Verdient der Mitarbeiter z. B. 4000 € brutto und nutzt eine Wohnung mit einer vom Arbeitgeber direkt gezahlten Miete von 1000 €, sind aus diesem Vorteil für den Arbeitnehmer nur 600 € (=15 % aus 4000 €) zu versteuern, die Kosten von 1000 € sind aber voll absetzbar.

4.1.4.4.3 *Reisekosten*

Reisekosten müssen durch betriebsinterne Regelungen, Reiseanordnungen und Abrechnungen belegt sein. Diese müssen schriftlich vorliegen und von beiden Vertragsparteien unterschrieben sein. Diese Regelungen können angemessene Pauschalsätze enthalten. Nur im Fall der Überschreitung dieser Sätze müssen die Kosten durch Vorlage einer Rechnung belegt werden.

4.1.4.4.4 *Abschreibungen*

Allgemeines
Materielle und immaterielle Vermögenswerte können gemäß den Richtlinien des Finanzministeriums abgeschrieben werden. Sachanlagen umfassen insbesondere Gebäude, Anlagen, Maschinen und Ausrüstungen, Fahrzeuge. Immaterielle Vermögenswerte umfassen insbesondere Landnutzungsrechte, Software, Urheberrechte, Markenrechte.

Diese Bedingungen müssen erfüllt sein:

- Es besteht ein wirtschaftliches Interesse an der künftigen Nutzung der Anlage.
- Die Nutzungsdauer des Vermögenswertes überschreitet ein Jahr.
- Die Anschaffungskosten des Vermögenswertes können verlässlich ermittelt werden und betragen mindestens 30 Mio. VND (etwa 1175 €).

Wenn eine der oben genannten Bedingungen nicht erfüllt ist, werden die Gesamtkosten direkt zum Anschaffungszeitpunkt verbucht.

Die Abschreibung wird berechnet auf den Wert des Gutes bestehend aus:

- Kaufpreis
- hierauf gezahlte Steuern, die nicht als solche erstattet werden (besondere Importsteuern werden hinzugerechnet, die Einfuhrumsatzsteuer nicht, da sie als Vorsteuer geltend gemacht werden kann)
- Transportkosten
- Zinsen für Anschaffung des Gutes
- Kosten für Installation und Inbetriebnahme
- Kosten für Registrierung

Wenn das Gut aus der eigenen Produktion stammt, ist der Gesamtbetrag der Produktionskosten der abzuschreibende Wert.

Abschreibungsmethoden
Das Unternehmen hat die Steuerbehörde über die gewählte Abschreibungsmethode zu informieren, bevor diese angewandt wird. In der Regel kann die Methode nicht gewechselt werden. Diese Methoden stehen zur Auswahl:

- **Lineare Abschreibung:** Die Abschreibung erfolgt in gleichmäßigen Jahresraten. Bei einem Abschreibungszeitraum von fünf Jahren beliefe sich die jährliche Rate auf 20 %.
  Wirtschaftlich erfolgreiche Unternehmen dürfen eine beschleunigte Abschreibung vornehmen von bis zu dem Doppelten des Regelsatzes. Hierüber hat das Unternehmen jedes Jahr neu zu entscheiden.
- **Degressive Abschreibung:** Die degressive Abschreibung ist nur zulässig in sich schnell entwickelnden Bereichen der Hochtechnologie.
- **Abschreibung gemäß der Produktionsleistung:** Diese Methode darf angewendet werden für Maschinen, welche direkt der Produktion dienen, wenn die Auslastung mindestens 100 % der Regelkapazität per Monat beträgt.

Einzelfragen
Geleaste Gegenstände sind im Falle des Finanzierungsleasings abzuschreiben. Es empfiehlt sich, die Einordnung des Leasingvertrages unter dem Steuerrecht Vietnams zu prüfen, bevor dieser abgeschlossen wird.

Goodwill gilt nicht als Vermögenswert und ist ggf. zum Zeitpunkt des Anfalls als Kostenposition innerhalb der ersten drei Jahre nach Aufnahme der Tätigkeit zu berücksichtigen.

Die Abschreibung eines Automobils mit neun oder weniger Sitzen beschränkt sich auf 1,6 Mrd. VND (etwa 62.600 €). Diese Beschränkung gilt nicht für Unternehmen in den Branchen Transport, Tourismus und Hotellerie.

Nutzungsdauer
Das Finanzministerium hat die anzusetzende Nutzungsdauer veröffentlicht, siehe Tab. 4.2.

4.1.4.4.5 Vertriebs-, Verwaltungs- und allgemeine Aufwendungen

Die Zuordnung von Konzernverwaltungskosten zu dem vietnamesischen Tochterunternehmen ist zulässig, wenn das Tochterunternehmen das volle vietnamesische Buchhaltungssystem anwendet. Für die Zuordnung bestehen Grenzwerte. Kosten oberhalb dieser Grenzwerte sind nicht abzugsfähig.

Aufwendungen für Werbung, Öffentlichkeitsarbeit, Maklerprovisionen, Empfänge, Konferenzen etc. sind im Grundsatz voll abzugsfähig.

Kosten für Strom und Wasser sind, falls der Vermieter Kunde des Strom- und/oder Wasserversorgers ist, nur absetzbar, wenn der Vermieter die zum Nachweis des Verbrauchs und der Zahlung nötigen Dokumente zur Verfügung stellt.

4.1.4.4.6 Rückstellungen

Als abzugsfähiger Aufwand können verbucht werden Rückstellungen für:

- Preisrückgang von Inventar
- Preisrückgang von Finanzinvestitionen
- uneinbringliche Forderungen
- Gewährleistungen
- Haftungsrisiken für Dienstleister im Falle der Bewertung von Unternehmen und der Wirtschaftsprüfung

Tab. 4.2 Abschreibungszeiträume

Artikel	Minimale Nutzungsdauer in Jahren	Maximale Nutzungsdauer in Jahren
Bewegliche Maschinen und Anlagen		
Mechanische Generatoren	8	15
Elektrische Generatoren	7	20
Elektrische Transformatoren und Energieerzeuger	7	15
Andere Anlagen	6	15
Maschinen und Ausrüstung		
Werkzeuge	7	15
Bergbau, Bau, Maschinen	5	15
Traktoren	6	15
Maschinen in der Land- und Forstwirtschaft	6	15
Öl-, Benzin- und Wasserpumpen	6	15
Anlagen im Hüttenwesen	7	15
Anlagen der chemischen Produktion	6	15
Anlagen zur Herstellung von Baustoffen, Glas und Porzellan	10	20
Anlagen zur Herstellung von optischen und elektronischen Komponenten	5	15
Anlagen zur Herstellung von Leder und Kunsthandwerk	7	15
Anlagen der Textilindustrie	10	15
Anlagen der Papierindustrie	5	15
Anlagen der Getreide- und Lebensmittelproduktion	7	15
Anlagen der Filmindustrie und des Gesundheitswesens	6	15
Anlagen der Telekommunikations-, Elektronik-, Informatik- und Fernsehindustrie	3	15
Anlagen zur Herstellung von Medikamenten	6	10
Anlagen der Erdölraffinerien	10	20
Anlagen der Erdölexploration	7	10
Baumaschinen	8	15
Krane	10	20
Andere Arbeitsgeräte und Ausrüstungen	5	12
Mess- und Laborgeräte		

(Fortsetzung)

Tab. 4.2 (Fortsetzung)

Artikel	Minimale Nutzungsdauer in Jahren	Maximale Nutzungsdauer in Jahren
Anlagen zur Messung von mechanischen, akustischen und thermodynamischen Experimenten	5	10
Geräte zur optischen und Spektralmessung	6	10
Elektrische und elektronische Geräte	5	10
Messgeräte der physikalischen Chemie	6	10
Geräte zur Messung von Radioaktivität	6	10
Ausrüstung in spezialisierten Bereichen	5	10
Andere Versuchsausrüstungen	6	10
Gießereiformen	2	5
Transportgeräte und -mittel		
Transportmittel Straße	6	10
Transportmittel Schiene	7	15
Transportmittel Wasser	7	15
Transportmittel Luft	8	20
Pipelines	10	30
Ausrüstung zum Entladen und Heben von Gütern	6	10
Andere Transportmittel	6	10
Büroeinrichtung		
Rechen- und Messgeräte	5	8
Computer und Software	3	8
Andere der Verwaltung dienende Einrichtungen	5	10
Gebäude		
Massive Gebäude	25	50
Nicht massive Gebäude wie Aufenthaltsräume, Kantinen, Parkhäuser	6	25
Andere Gebäude	6	25
Lagerhäuser, Tankanlagen, Speicheranlagen, Brücken, Straßen, Start- und Landebahnen, Parkplätze etc.	5	20
Kaianlagen, Dämme, Abwassersammler, Kanäle, Gräben	6	30
Hafen- und Dockanlagen	10	40

(Fortsetzung)

Tab. 4.2 (Fortsetzung)

Artikel	Minimale Nutzungsdauer in Jahren	Maximale Nutzungsdauer in Jahren
Andere Anlagen	5	10
Tiere und Plantagen		
Tiere aller Art	4	15
Mehrjährige Plantagen und Obstgärten	6	40
Rasen und Grünflächen	2	8
Andere Anlagen, die keiner obigen Kategorie zuzuordnen sind	4	25
Immaterielle Vermögenswerte	2	20

Diese Rückstellungen sind zum Ende eines jeden Steuerjahres neu zu bewerten.

Zusätzlich darf eine Rückstellung für Gehälter, Löhne und Vergütungen an Arbeitnehmer, welche zum Ende des Steuerjahres geschuldet, aber noch nicht gezahlt sind, gebildet werden. Diese ist begrenzt auf 17 % der im Steuerjahr gezahlten Gehälter etc.

4.1.4.4.7 Dividenden, Zinsen und Lizenzgebühren

Aufwendungen in direktem Zusammenhang mit der Ausgabe von Aktien und Dividenden auf Aktien sind nicht abzugsfähig.

Zahlungen von Zinsen auf Kredite sind abzugsfähiger Nicht absetzbar sind Zinsen, welche im Zusammenhang mit der Nichteinzahlung des haftenden Kapitals stehen.

Angemessene Lizenzgebühren sind abzugsfähig.

4.1.4.4.8 Andere Aufwendungen

Bis zu 10 % des Jahreseinkommens dürfen einem unternehmensinternen Wissenschafts- und Entwicklungsfonds zugeführt werden. Mindestens 70 % dieser Mittel müssen innerhalb von fünf Jahren sachgerecht verwendet werden.

Steuern sind abzugsfähiger Aufwand in diesen Fällen:

- gezahlte Mehrwertsteuer, die nicht als Vorsteuer geltend gemacht werden kann
- im Auftrag eines ausländischen Vertragspartners einbehaltene und abgeführte Quellensteuer auf die Körperschaftsteuer, wenn diese in den verbuchten Kosten und in der vom ausländischen Unternehmen erteilten Rechnung enthalten ist
- Import- und Exportzölle

Für Mitarbeiter gezahlte Einkommensteuer ist kein abzugsfähiger Aufwand, da sie im Namen der Mitarbeiter bezahlt wurde. Zudem ist die gezahlte Einkommensteuer bereits als Teil der Kosten der Beschäftigung der Mitarbeiter verbucht.

Aufwendungen im Zusammenhang mit einer Naturkatastrophe, Epidemie oder einem anderen Ereignis höherer Gewalt, für welches keine Entschädigung an das Unternehmen gezahlt wird, sind abzugsfähige Kosten. Diese sind i. d. R. durch eine Inventur zu ermitteln.

Verluste aus Wechselkursänderungen sind abzugsfähig zu dem Zeitpunkt, zu welchem sie erkannt werden. Kursverluste aus der Neubewertung von finanziellen Bilanzpositionen sind nur im Falle der Neubewertung von Schulden absetzbar.

Gemeinnützige Ausgaben sind nicht abzugsfähig mit Ausnahme dieser Beiträge:

- Spenden für pädagogische Zwecke an öffentliche oder private Schulen zum Zweck der Finanzierung von
  - Stipendien für Schüler oder Studenten,
  - Wettbewerben in Unterrichtsfächern,
  - Bildung pädagogischer Fonds
  - Spenden entsprechend speziellen gesetzlichen Rahmenbedingungen für
  - medizinische Gesundheitsversorgung,
  - wissenschaftliche Forschung,
  - Behebung der Folgen von Naturkatastrophen,
  - gemeinnützigen Wohnungsbau

Aufwendungen für die Gründung des Unternehmens, welche vor seiner Errichtung angefallen sind, können nur verteilt über einen Zeitraum von drei Jahren als Betriebsausgaben angesetzt werden.

Wenn ein ausländischer Investor den Gründungsaufwand, welcher von ihm getragen worden ist, als solchen anerkannt sehen möchte, ist ein spezielles Regime anzuwenden. Dies lohnt sich nur bei erheblichem Aufwand.

4.1.4.5 Sonstige Erträge

Allgemeines
Sonstige Erträge sind alle Arten von Einkünften, die nicht als Einkommen aus Produktion, Warenhandel oder Dienstleistung zu kennzeichnen sind.

Übertragung von Kapitalanteilen
Maßgeblicher Zeitpunkt ist der Eigentumsübergang. Der Ertrag bestimmt sich folgendermaßen:

	Erlös
−	Preis der Zuweisung
−	zuzuordnende Kosten
=	**Ertrag**

Übertragung von Immobilien
Dies umfasst Erträge aus der Übertragung der

- Landnutzungsrechte,
- Gebäude und Bauwerke unabhängig davon, ob das zugrunde liegende Landnutzungsrecht gleichzeitig übertragen wird,
- Vermögenswerte, die im Zusammenhang zu dem übertragenen Landnutzungsrecht, Gebäude oder Bauwerk stehen,
- Rechte zur Nutzung eines Wohnhauses.

Der Ertrag berechnet sich wie folgt:

	Erlös
−	Anschaffungskosten
−	Übertragungs- und sonstige Kosten
=	**Ertrag**

Der Erlös ist der erzielte Betrag einschließlich aller Gebühren und Nebenforderungen. Die Anschaffungskosten müssen vertraglich belegt sein.

Kosten müssen mit dem Grundstück oder der Übertragung in einem kausalen Zusammenhang stehen. Insbesondere sind anzusetzen, wenn der Verkäufer sie tatsächlich getragen hat, die Kosten für:

- Entschädigung für Verlust- und Beschädigung von Land
- Entschädigung für den Verlust der Anpflanzungen
- Entschädigung und Durchführung von Umsiedlungen
- Ausgabe und Änderung von Landnutzungsrechten
- Bodenverbesserung
- Errichtung von Infrastruktur
- sonstige Aufwendungen, die dem Grundstück dienen

Maßgeblich für den Zeitpunkt der Besteuerung ist der Besitzübergang, nicht die Eigentumsumschreibung. Verluste aus der Übertragung von Immobilien können mit keiner anderen Einkunftsart verrechnet werden. Sie können jedoch bis zu fünf Jahre vorgetragen und mit Gewinnen aus der gleichen Einkunftsart in diesen Jahren verrechnet werden.

Übertragung von anderem Vermögen
Der Ertrag aus der Übertragung von Vermögen, welches nicht Immobilie ist, bildet sich aus dem Abzug des Restwertes von der Erlösforderung. Maßgeblich ist der Zeitpunkt des Eigentumsübergangs.

Verwertung von Rechten
Erträge aus der Überlassung von Schutzrechten sind unter Abzug zuzuordnender Kosten Einkommen.

Leasing
Leasingumsätze sind abzüglich der Kosten für Abschreibung, Wartung und Reparatur der Vermögenswerte Einkommen.

Währungskursdifferenzen
Die zum Schluss des Wirtschaftsjahres vorzunehmende Neubewertung von Verbindlichkeiten in ausländischer Währung kann zu Gewinnen oder Verlusten führen. Sofern diese Verbindlichkeiten direkt dem Hauptgewerbe zuzuordnen sind, sind die Gewinne oder Verluste als Einnahmen oder Kosten des Hauptgewerbes zu verbuchen. Anderenfalls sind Gewinne als sonstige Einnahmen zu verbuchen. Verluste werden auch in diesem Fall dem Hauptgewerbe zugeordnet.

Produktion und Wirtschaftstätigkeit im Ausland
Einkünfte aus dem Ausland sind als sonstige Einnahmen zum Regelsatz zu versteuern. Gegebenenfalls gewährte Steuervergünstigungen sind auf solche Einnahmen nicht anzuwenden.

In der Regel werden im Ausland erzielte Erträge in Vietnam im Folgejahr verbucht. Nur bei Vorliegen eindeutiger und zureichender Unterlagen können sie im selben Steuerjahr verbucht werden.

Im Ausland gezahlte Steuern können i. d. R. auf die vietnamesische Körperschaftsteuer angerechnet werden.

Weitere Arten von Einkommen
Die vietnamesische Gesetzgebung erwähnt darüber hinaus verschiedene weitere Arten von Einkommen. Es sind insbesondere:

- Einkommen aus der Übertragung eines Projekts
- Einkommen aus Rechten zur Erforschung, des Abbaus oder der Verarbeitung von Bodenschätzen
- Erträge aus Zinsen
- Erträge aus dem Verkauf von Fremdwährung
- Zahlungen auf bereits abgeschriebene Forderungen
- Erträge aus der Ausbuchung von Verbindlichkeiten, weil der Gläubiger nicht zu ermitteln ist
- Einkommen der Vorjahre, welches erst im Wirtschaftsjahr erkannt wurde
- Vertragsstrafen
- Spenden und Geschenke einschließlich Sachzuwendungen

- Einkommen aus der Neubewertung von Vermögen außer in den Fällen der Neubewertung von Vermögen, welches der Kapitaleinbringung dient, und im Falle der Spaltung und Verschmelzung von staatlichen Unternehmen
- Einkommen aus Verkäufen von Abfallmaterialien
- andere Fälle, die das Gesetz als Einkommen definiert

> **Praxistipp**
> Die Buchhaltung ist sehr komplex. Sie zu überwachen, ist aus dem Mutterhaus heraus nur sehr begrenzt möglich. Alle relevanten Dokumente müssen (auch) auf Vietnamesisch vorliegen. Eine sehr kompetente Buchhaltung in Vietnam ist zwingend.

4.1.5 Steuerbefreiung

Die folgenden Einkunftsarten sind von der Körperschaftsteuer befreit:

- Einkommen aus Landwirtschaft einschließlich Tierhaltung, Aquakultur, Fischfang und Salzproduktion
- Einkommen aus technischen Diensten, die direkt der Agrarproduktion dienen
- Einkommen aus Aufträgen für wissenschaftliche Forschung und technologische Entwicklung, Verkauf von Produkten aus der Testherstellung, Produkte einer neuen Technologie, die in Vietnam zum ersten Mal angewandt wird
- Einkommen aus Wirtschafts- und Produktionsbereichen mit einer durchschnittlichen Beschäftigung von 30 % oder mehr Mitarbeitern mit Behinderung, ehemaligen Drogenabhängigen oder HIV-infizierten Personen
- Einkommen aus Berufsausbildung für ethnische Minderheiten, Behinderte, Kinder in besonders schwierigen Lagen und ehemalige Straftäter
- Dividenden aus Beteiligung an Unternehmen in Vietnam, auf welche die Körperschaftsteuer bereits angewandt wurde

- Zuwendungen von Hilfsfonds zur Verwendung für pädagogische Zwecke, wissenschaftliche Forschung, kulturelle, künstlerische, wohltätige, humanitäre und andere soziale Aktivitäten in Vietnam
- Erträge aus Übertragung von Emissionszertifikaten
- Erträge aus dem Transfer von Technologie an Unternehmen und Einzelpersonen in Gebieten mit besonders förderungswürdigen sozioökonomischen Bedingungen

> **Praxistipp**
> Die Tatbestände der Steuerbefreiung und -erleichterung sind nicht klar untereinander und gegeneinander abzugrenzen. Eine sorgfältige Definition der Geschäftstätigkeit vor Unternehmensgründung ist im Fall der beabsichtigten Inanspruchnahme der Steuervergünstigung zwingend.

4.1.6 Verlustvortrag

Festgestellte Verluste können in unbegrenzter Höhe auf das Folgejahr vorgetragen werden, um sie mit dem dort entstandenen Gewinn zu verrechnen. Ein verbleibender Verlust kann auf bis zu fünf aufeinanderfolgende Jahre vorgetragen werden.

Gewinne und Verluste der verschiedenen Einkunftsarten werden zunächst innerhalb eines Wirtschaftsjahres miteinander verrechnet.

Verluste aus der Übertragung von Immobilien, Investitionsprojekten sowie Schürfrechten dürfen nicht mit anderen Einkunftsarten verrechnet werden. Sie dürfen je gesondert auf das Folgejahr vorgetragen werden für bis zu fünf aufeinanderfolgende Jahre.

4.1.7 Steuersatz und steuerliche Anreize

4.1.7.1 Regelsteuersatz

Der Regelsteuersatz beträgt 20 %.

Für Tätigkeiten im Bereich der Erkundung und Erschließung und des Abbaus von Bodenschätzen sowie der Erdölförderung gilt je nach Projekt ein besonderer Regelsteuersatz von 32 bis 50 %.

4.1.7.2 Steuerliche Anreize

Vietnam ist sehr zurückhaltend mit der Gewährung von Subventionen in der Form von Zahlungen an Unternehmen.

Allerdings besteht eine Vielzahl von steuerlichen Vergünstigungen. Diese werden gewährt in Abhängigkeit davon, in welche geografischen und/oder wirtschaftlichen Gebiete investiert wird.

4.1.7.3 Voraussetzungen für die Anwendung der Steuerbegünstigungen

Voraussetzung für die Gewährung von Steuervergünstigungen ist insbesondere die vollständige Anwendung des vietnamesischen Buchhaltungssystems.

Wenn das Unternehmen mehr als eine Einkommensart erzielt, sind die Einkunftsarten getrennt zu erfassen und zu verbuchen. Steuerliche Förderungen gelten immer nur für eine bestimmte Einkunftsart. Diese ist vollständig getrennt zu verbuchen.

Werden die Bedingungen in einem Jahr nicht vollständig eingehalten, entfällt die Steuervergünstigung und der Regelsatz findet Anwendung.

Verluste aus einer steuerlich begünstigten Einkunftsart können mit Gewinnen aus einer anderen Einkunftsart, aber nicht mit Gewinnen aus der Übertragung von Immobilien und Projekten sowie aus dem Abbau von Bodenschätzen im selben Steuerjahr verrechnet werden.

Das Unternehmen muss bei Abgabe der Steuererklärung selbst einschätzen, ob die Bedingungen für die Steuerbefreiung eingehalten sind. Wird späterhin festgestellt, dass die Bedingungen nicht vollständig erfüllt sind, so ist die Steuer bis zum Normalsatz sowie eine Geldbuße zu zahlen.

4.1.7.4 Besondere Steuersätze

Begünstigende Steuersätze sind:
Der Satz von 10 % für einen Zeitraum von 15 Jahren für:

- neue Investitionsvorhaben in geografischen Gebieten mit besonderen sozioökonomischen Bedingungen, Wirtschafts- und Hightechzonen
- neue Investitionsvorhaben in den Bereichen wissenschaftliche Forschung und technologische Entwicklung, Hochtechnologieprojekte, Softwareproduktion, Infrastruktur, erneuerbare Energien oder andere Umweltprojekte
- neue Investitionsvorhaben in der Produktion mit entweder einem

  - Investitionskapital von mehr als 6 Bill. VND (etwa 235 Mio. €) plus einem Umsatz von mehr als 10 Bill. VND (etwa 391 Mio. €) innerhalb der ersten drei Jahre der Investition oder
  - einem innerhalb von drei Jahren investierten Kapital von mehr als 6 Mrd. VND (etwa 235.000 €) und einer Beschäftigung von mehr als 3000 Menschen
  - Hochtechnologieunternehmen und Agrarunternehmen, die Hochtechnologie anwenden

- Investitionsvorhaben in die Produktion in der Zulieferindustrie für geförderte Branchen. Die Branchen sind:

  - Hightechbranchen
  - Textilien und Bekleidung
  - Leder und Schuhe
  - Elektronik, Informations- und Telekommunikationstechnologie
  - Automobilindustrie
  - mechanische Fertigung
  - Investitionsvorhaben im verarbeitenden Gewerbe mit einer Mindestinvestition von 12 Bill. VND (etwa 470 Mio. €) innerhalb von fünf Jahren unter Anwendung von Hochtechnologie gemäß den gesetzlichen Anforderungen

Der Satz von 10 % ohne zeitliche Begrenzung für:

- Kultur, Sport, Umwelt, Sozialpädagogik, Sozial- und Gesundheitswesen
- sozialen Wohnungsbau
- Forstwirtschaft
- Landwirtschaft und Aquakultur in Gebieten mit schwierigen sozioökonomischen Bedingungen
- Herstellung forstwirtschaftlicher Erzeugnisse in Gebieten mit schwierigen sozioökonomischen Bedingungen
- Zucht und Vermehrung von Saatgut und Nutztierrassen
- Haltbarmachung landwirtschaftlicher Erzeugnisse und Lagerung nach der Ernte
- Veröffentlichungen

Der Satz von 17 % für zehn Jahre für:

- Investitionsvorhaben in Gebieten mit schwierigen sozioökonomischen Bedingungen
- Investitionsvorhaben in Projekte der Erzeugung hochwertigen Stahls, energiesparender Produkte oder Landmaschinen

Der Satz von 17 % ohne zeitliche Begrenzung für Fonds und Institute für Kleinkredite.

Der Satz von 15 % ohne zeitliche Begrenzung für Landwirtschaft und Aquakultur außerhalb von Gebieten mit schwierigen oder besonders schwierigen sozioökonomischen Bedingungen.

4.1.7.5 Dauer der Anreize

Die Dauer der Anwendung der genannten besonderen Sätze kann für große Projekte und solche der Hochtechnologie verlängert werden auf bis zu 15 Jahre.

Das erste Anwendungsjahr ist das erste Jahr, in welchem das Unternehmen Umsatz in der geförderten Einkunftsart erzielt.

4.1.7.6 Weitere Anreize

Unternehmen, auf deren Einnahmen der Steuersatz von 10 % für 15 Jahre angewandt wird, und Unternehmen in den Bereichen der Aus- und Weiterbildung, der beruflichen Bildung, des Gesundheitswesens, der Kultur, des Sports und der Umwelt sind zudem berechtigt, eine Steuerbefreiung für einen Zeitraum von vier Jahren und eine Senkung der Körperschaftsteuer um 50 % für einen Folgezeitraum von neun Jahren zu erhalten.

Unternehmen, auf deren Einnahmen der Steuersatz von 17 % für zehn Jahre angewandt wird, sind zudem berechtigt, eine Steuerbefreiung für einen Zeitraum von zwei Jahren und eine Senkung der Körperschaftsteuer um 50 % für einen Folgezeitraum von vier Jahren zu erhalten.

Unternehmen mit Investitionsvorhaben im Sozialbereich außerhalb von Gebieten mit schwierigen sozioökonomischen Bedingungen sind für einen Zeitraum von vier Jahren von der Körperschaftsteuer befreit und berechtigt, eine Senkung der Körperschaftsteuer von 50 % für einen Zeitraum von fünf Folgejahren zu erhalten.

Neu gegründete Unternehmen mit Investitionsvorhaben in Gebieten mit schwierigen sozioökonomischen Bedingungen sind für einen Zeitraum von zwei Jahren von der Körperschaftsteuer befreit und erhalten eine Absenkung der Steuer um 50 % für einen Zeitraum von vier Folgejahren.

Die Dauer dieser Anreize berechnet sich jeweils beginnend mit dem ersten Jahr, in welchem das Unternehmen mit dem geförderten Vorhaben zu versteuerndes Einkommen erzielt.

> **Praxistipp**
>
> Die Gewährung von Steuerbefreiungen und -erleichterungen hängt neben der klaren Definition des Geschäftsgegenstandes sehr von der Einschätzung der lokalen Behörden ab. Hierüber ist mit diesen rechtzeitig zu verhandeln.

4.1.8 Vermeidung einer Doppelbesteuerung

Im Ausland erzieltes Einkommen unterliegt als anderes Einkommen in Vietnam der Körperschaftsteuer. Sofern dieses Einkommen bereits im

Ausland besteuert wurde, stellt sich die Frage der Vermeidung einer Doppelbesteuerung.

Dies wird entweder über das einseitig zur Geltung gebrachte vietnamesische Steuerrecht oder über die Anwendung der jeweiligen Doppelbesteuerungsabkommen erreicht.

4.1.8.1 Anrechnung von im Ausland gezahlter Steuer

Der im Ausland erzielte Gewinn ist dem in Vietnam erzielten Ergebnis zuzurechnen und in Vietnam zu versteuern. Der im Ausland erzielte Verlust kann nicht mit in Vietnam erzielten Gewinnen verrechnet werden.

Im Ausland gezahlte Körperschaftsteuer ist von der in Vietnam geschuldeten Körperschaftsteuer abzusetzen bis zur Höhe der vietnamesischen Körperschaftsteuer.

4.1.8.2 Doppelbesteuerungsabkommen

Vietnam hat 76 Doppelbesteuerungsabkommen abgeschlossen, auch mit Deutschland, Österreich und der Schweiz. Die Abkommen sind inhaltlich ähnlich, aber nicht identisch. Sie genießen Vorrang vor den vietnamesischen Gesetzen. Voraussetzung für ihre Anwendung ist aber, dass der Steuerpflichtige, dies verlangt und die erforderlichen Nachweise beibringt.

4.1.9 Steuerverwaltung

4.1.9.1 Anmeldung

Binnen zehn Tagen ab Registrierung des Unternehmens ist dieses steuerlich anzumelden. Diese Frist ist sehr kurz bemessen, da nach Erhalt der Registrierung zunächst die Erteilung des Siegels beantragt werden muss. Das Siegel ist für die Steueranmeldung notwendig.

> **Praxistipp**
> Die Gründung des Unternehmens benötigt i. d. R. eine längere Zeit. Vielfach ist die Überraschung groß, wenn sofort nach Registrierung des Unternehmens eine Vielzahl von verwaltungstechnischen Aufgaben innerhalb sehr kurzer Fristen erledigt werden muss. Die steuerliche Anmeldung ist eine dieser Aufgaben. Der Unternehmer sollte sich rechtzeitig vor Registrierung des Unternehmens einen Überblick verschaffen, was zu erledigen ist, und entsprechend planen.

4.1.9.2 Steuererklärung

Die Jahreserklärung ist binnen 90 Tagen nach Schluss des Steuerjahres einzureichen. Insbesondere Gewinne aus Immobilienübertragung sind binnen zehn Tagen ab Entstehen der Steuerpflicht zu erklären. Zugleich mit Einreichung der Erklärung ist die Steuerzahlung in VND zu leisten.

4.1.9.3 Steuerprüfungen

Die Steuerverwaltung führt regelmäßig Überprüfungen durch. Zunehmend werden auch die internationalen Verträge innerhalb eines Konzerns einer intensiven Überprüfung unterzogen. Die Steuerverwaltung ist hinsichtlich der Verrechnungspreisthematik geschult und prüft diese. Offiziell erklärte Aufgabe der Steuerprüfungen ist es, die Steuereinnahmen zu erhöhen. Neben den Verrechnungspreisen ist die Abzugsfähigkeit von Ausgaben ein besonderes Prüfungsthema.

4.1.9.4 Steuerstrafen

Im Falle verspäteter Steuerzahlung ist neben dem Steuerbetrag eine Buße von 0,05 % des Steuerbetrages für jeden Verspätungstag zu zahlen. Dies gilt auch dann, wenn die zu geringe Zahlung sich darauf gründet, dass in der Steuererklärung sachlich unzutreffende Angaben erfolgt sind, sodass zunächst ein zu geringer Steuerbetrag errechnet wurde.

Erkennt das Unternehmen den Sachverhalt korrekt, erklärt diesen aber unzutreffend, ist zusätzlich zu dem Steuerbetrag eine Strafe von 20 % der

Steuer zu zahlen. Handelt es sich um Im- oder Exportgeschäft und erkennt und korrigiert das Unternehmen den Fehler innerhalb von 60 Tagen ab Stichtag, beläuft sich die Strafe auf 10 % der Steuer.

Im Fall der Steuerhinterziehung oder des Steuerbetrugs ist neben dem Steuerbetrag eine Strafe von bis zu dem Dreifachen der hinterzogenen Steuer zu entrichten.

Die Verjährungsfrist für Steuerstrafen ist zwei Jahre ab Begehung des Fehlers. Für Fälle der Steuerhinterziehung, des Steuerbetrugs und der verspäteten Zahlung beträgt die Verjährungsfrist fünf Jahre ab Begehung. Die strafrechtliche Verjährung für schwere Fälle ist zehn Jahre. Nach Ablauf der Verjährungsfrist kann die Steuerstrafe nicht mehr geltend gemacht werden, wohl aber die Steuerforderung als solche.

Der gesetzliche Vertreter des Unternehmens kann u. U. bis zur Klärung des Sachverhaltes an der Ausreise aus Vietnam gehindert werden.

4.1.10 Gewinnausschüttung

Nach Anwendung der KSt vorhandene Gewinne können ausgeschüttet werden und unterliegen bei dem Empfänger keiner erneuten Besteuerung unter der KSt. Dies gilt auch bei einer Zahlung an den ausländischen Eigentümer, sofern dieser ein Unternehmen ist. Zahlungen an ausländische Eigentümer, welche natürliche Personen sind, unterliegen der Quellensteuer von 5 %. Hat die Gesellschaft nur eine natürliche Person als Eigentümer, unterliegt die Ausschüttung an diese keiner Quellensteuer.

4.2 Einkommensteuer

4.2.1 Überblick

Die Einkommensteuer (ESt)[2] wird ohne Ansehen der Staatsbürgerschaft angewandt. Das auf Vietnam bezogene Einkommen von Personen ohne steuerlichen Wohnsitz in Vietnam wird mit 20 % pauschal besteuert. Personen mit

---

[2] Gesetz Nr. 04/2007/QH12 über Einkommensteuer, zuletzt geändert durch Gesetz Nr. 71/2014/QH13 vom 26.11.2014.

steuerlichem Wohnsitz in Vietnam unterliegen mit ihrem Welteinkommen der progressiven Besteuerung mit einem Maximalsatz von 35 %.

4.2.2 Steuerpflicht

Sowohl in Vietnam ansässige natürliche Personen als auch natürliche Personen ohne steuerlichen Wohnsitz in Vietnam unterliegen der ESt.

Nicht in Vietnam ansässige Personen werden hinsichtlich ihres auf Vietnam bezogenen Einkommens besteuert, unabhängig davon, wo die Arbeit geleistet und wo dieses Einkommen gezahlt wird. Es gibt keine Schwelle der Geringfügigkeit. Auch das durch einen kurzfristigen Besuch Vietnams erzielte Einkommen unterliegt der ESt. Entgegen der Rechtslage wird dies allerdings kaum erklärt.

In Vietnam ansässige Personen unterliegen der ESt im Hinblick auf ihr Welteinkommen.

Die Doppelbesteuerungsabkommen eröffnen die Möglichkeit einer Befreiung von der ESt. Die Voraussetzungen sind:

- Der Steuerpflichtige hat keinen steuerlichen Wohnsitz in Vietnam, aber in dem Heimatland, welches das Doppelbesteuerungsabkommen mit Vietnam geschlossen hat.
- Das Gehalt wird nicht von einem in Vietnam registrierten Unternehmen gezahlt.
- Der Arbeitgeber unterhält keine Betriebsstätte in Vietnam.
- Der Steuerpflichtige hat erfolgreich einen Antrag auf Gewährung der Steuerbefreiung bei der Steuerverwaltung in Vietnam gestellt. Ohne diesen positiven Bescheid besteht keine Befreiung.
- Hat der Steuerpflichtige sowohl in Vietnam als auch in seinem Heimatland einen steuerlichen Wohnsitz, kann er eine Beschränkung der Besteuerung beantragen, falls der Mittelpunkt seiner Lebensinteressen im Heimatland liegt. Der erforderliche Nachweis ist durch eine Ansässigkeitsbescheinigung des Heimatfinanzamtes zu erbringen. Die Beschränkung besteht dann darin, dass der Steuerpflichtige in Vietnam so besteuert wird, als hätte er keinen steuerlichen Wohnsitz in Vietnam. Dann wird nur das auf Vietnam bezogene Einkommen und nicht das Welteinkommen besteuert und der Steuersatz von 20 % wird angewandt und nicht der progressive Tarif.

4.2.3 Steuerlicher Wohnsitz

Ein steuerlicher Wohnsitz in Vietnam ist nach vietnamesischen Recht gegeben, wenn die Person

- sich innerhalb eines Kalenderjahres oder innerhalb der auf die erste Einreise folgenden zwölf Monate mindestens 183 Tage in Vietnam aufhält oder
- eine Wohnung oder Hotelunterkunft für 183 oder mehr in Vietnam unterhält (es können auch mehre sein, es kommt auf die Gesamtzeit an) oder
- sich weniger als 183 Tage in einem Kalenderjahr bzw. innerhalb der zwölf Monate ab Ersteinreise in Vietnam aufhält, aber keinen steuerlichen Wohnsitz in einem anderen Land nachweisen kann.

4.2.4 Steuerjahr

Das erste Steuerjahr beginnt mit dem Monat der ersten Einreise und endet nach zwölf Monaten. Der Grund der Einreise ist unerheblich. Wenn während des Kalenderjahrs, in welches die erste Einreise fällt, der Steuerpflichtige sich 183 Tage oder mehr in Vietnam aufhält ist das ganze Kalenderjahr das Steuerjahr.

Das zweite Kalenderjahr ist das folgende Kalenderjahr. Bei Besteuerung des zweiten Steuerjahres wird die auf den überlappenden Zeitraum entfallende ESt in Abzug gebracht.

Das letzte Steuerjahr endet mit dem Monat der Ausreise oder aber, wenn dies später ist, dem Ende des auf Vietnam bezogenen Arbeitsvertrages oder vertraglichen Arbeitseinsatzes.

Da jeweils das Welteinkommen zu versteuern ist, empfiehlt es sich, die genaue Berechnung der Steuerjahre rechtzeitig vorzunehmen.

> **Praxistipp**
>
> Viele Unternehmen übersehen, dass die Entsendung des Mitarbeiters für einen ersten Erkundungsbesuch den Beginn des ersten Steuerjahres auslöst und zwar u. U. für das ganze Kalenderjahr. Das gleiche Ergebnis ruft ein

> Urlaubsbesuch hervor, von dem der Arbeitgeber möglicherweise gar nicht weiß. Das weltweit erzielte Einkommen ist in Vietnam voll zu versteuern, sofern der Arbeitnehmer in diesem Steuerjahr einen steuerlichen Wohnsitz in Vietnam begründet hat und keine Beschränkung unter dem Doppelbesteuerungsabkommen beantragt. Ggf. erstreckt sich dies auf Einkommen vor der ersten Einreise in dem Steuerjahr.

4.2.5 Steuerbares Einkommen

Die folgenden Einkünfte sind steuerbar.

4.2.5.1 Einkünfte aus nicht selbstständiger Arbeit

Alle Einkünfte aus nicht selbstständiger Arbeit sind steuerbar, gleich ob der Arbeitnehmer diese in Geld oder in Sachleistungen erhält. Dies sind insbesondere:

- Löhne und sonstige Vergütungen
- Einkommen aus Mitwirkung in Wirtschaftsverbänden, Vorständen, Unternehmensausschüssen und anderen Organisationen
- Zuwendungen aller Art, außer in eng gefassten begünstigten Situationen

Nicht Teil des steuerpflichtigen Einkommens sind Zuwendungen aus Anlass

- der Übernahme von Aufgaben der Landesverteidigung,
- der besonderen Gefahrgeneigtheit der Arbeit,
- der Geburt eines Kindes und des Mutterschaftsurlaubes,
- der Arbeitslosigkeit oder des Ausscheidens aus einem Arbeitsverhältnis,
- des Umzuges nach Vietnam (aber nicht für den Wegzug aus Vietnam),
- der Kostenübernahme für den ersten privat veranlassten Heimflug im Jahr eines im Ausland wohnenden Mitarbeiters,
- der Kostenübernahme von Schulkosten.

Die Kosten der vom Arbeitgeber gestellten Wohnung werden begrenzt dem Einkommen zugerechnet. Sofern der Arbeitgeber die Wohnung direkt bezahlt, sind die Kosten dieser Anmietung Teil des zu versteuernden Einkommens. Hier greift allerdings die Kappung auf 15 % des Einkommens. Ist dieser Wert geringer als die vollen Kosten, ist nur dieser geringere Wert zu versteuern.

4.2.5.2 Gewerbliche und freiberufliche Einkünfte

Diese Einkünfte sind zu versteuern, sofern der Jahresumsatz größer ist als etwa 5000 €.[3]

Insbesondere sind steuerbar die Einkünfte aus

- Produktion und Verkauf von Waren einschließlich Betrieb eines Restaurants,
- Dienstleistungen einschließlich der Vermietung von Häusern sowie Nutzungsrechten an Land- und Wasserflächen,
- freiberuflicher Tätigkeit,
- Landwirtschaft, Fischerei, Salzgewinnung und Forstwirtschaft, sofern keine Steuerbefreiung besteht.

Die Abgrenzung von freiberuflichen Einkünften und solchen aus einem Arbeitsverhältnis ist in der Praxis nicht einfach. Die Verwaltung verlangt in der Regel, dass der Steuerpflichtige den Status als Gewerbetreibender oder Freiberufler gem. den Bestimmungen des Heimatlandes nachweist.

4.2.5.3 Einkünfte aus Kapitalanlagen

Einkünfte aus Kapitalanlagen umfassen Darlehenszinsen, Aktiendividenden, Gewinne aus Kapitaleinlagen und andere Formen der Erträge aus Investitionen einschließlich der Investitionen aus Überlassung von Sachvermögen einschließlich von Rechten aller Art, insbesondere Patenten.

---

[3] Genau: 100 Mio. Vietnam Dong (VND).

Die Ausschüttung des Gewinns einer Ein-Personen-GmbH an den einzigen Eigentümer unterliegt keiner Besteuerung. Zinseinnahmen aus Staatsanleihen, Guthaben bei Banken und aus Lebensversicherungen sind steuerfrei.

4.2.5.4 Einkünfte aus der Übertragung beweglichen Vermögens

Einkünfte aus der Übertragung von Kapitalanteilen und Wertpapieren sind voll steuerbar.

4.2.5.5 Einkünfte aus der Übertragung von Immobilienvermögen

Hierzu zählen Erträge aus der Übertragung von Immobilien, Landnutzungsrechten sowie aus der Übertragung eines Leasingverhältnisses, welches auf Immobilien bezogen ist. Eingeschlossen sind auch alle anderen Einkünfte aus der Übertragung von Immobilien.

4.2.5.6 Einkünfte aus der Nutzungsüberlassung von Rechten

Zum Einkommen zählen alle Einkünfte aus der Überlassung von Rechten aller Art, insbesondere aus der Überlassung bzw. Verwertung von:

- literarischen, künstlerischen und wissenschaftlichen Werken
- Video- und Tonaufnahmen
- Erfindungen, Designs, Geschäftsgeheimnissen, Warenzeichen, Herkunftsangaben
- technischem Wissen
- Lösungen für Rationalisierung und Innovation

4.2.5.7 Sonstige Einkünfte

Zu den sonstigen Einkünften zählen Lotteriegewinne, Gewinne aus Wetten und Wettbewerben, Erbschaften und Geschenken von registriertem Vermögen, insbesondere Immobilienvermögen.

4.2.5.8 Steuerbefreite Einkünfte

Steuerbefreit sind insbesondere Einkünfte aus:

- Übertragung von Immobilien zwischen Ehegatten, Eltern und Kindern, Großeltern und Enkeln sowie Geschwistern
- Übertragung einer Wohnimmobilie, wenn der Übertragende nur eine Wohnimmobilie in Vietnam besitzt
- Zuwendungen von im Ausland lebenden Vietnamesen in ausländischer Währung
- Rentenzahlungen der Sozialversicherungskassen
- Stipendien
- Schadensersatzleistungen

4.2.6 Steuerbares Einkommen und Steuersatz

4.2.6.1 Besteuerung von Personen ohne Wohnsitz in Vietnam, Steuerbefreiung

Dieser Personenkreis unterliegt der Besteuerung des in Vietnam verdienten Einkommens unabhängig davon, wo dieses Einkommen ausgezahlt wird, zu Pauschalsätzen. Für Einkünfte aus nicht selbstständiger Tätigkeit beträgt der Satz 20 %. Die Einkünfte unterliegen ohne Vornahme von Abzügen in vollem Umfang der Besteuerung. Die Sätze sind jeweils bezogen auf den Umsatz bzw. auf die Einkunftsart (siehe Tab. 4.3).

Sofern Einkunftsarten nicht exakt zu trennen sind, findet der jeweils höchste Steuersatz Anwendung.

4.2.6.2 Besteuerung von Personen mit Wohnsitz in Vietnam

Einkünfte aus nicht selbstständiger Tätigkeit
Das zu versteuernde Einkommen wird ermittelt durch Abzug eines Freibetrages von 11 Mio. VND (etwa 350 €) für den Steuerpflichtigen und 4,4 Mio. VND (etwa 140 €) je Unterhaltsberechtigten von den Ein-

Tab. 4.3 Steuersätze für nicht ansässige Personen

	Einkunftsart	Steuersatz in %
1	Einkünfte aus Handel mit Waren	1
2	Einkünfte aus Dienstleistungen	5
3	Andere gewerbliche Einkünfte	2
4	Löhne und Gehälter	20
5	Einkünfte aus Kapitalanlagen	5
6	Einkünfte aus Vermögensübertragungen	0,1
7	Einkünfte aus Immobilienverkauf	2
8	Lizenzgebühren	5
9	Gewinne, Erbschaften, Preise, Geschenke	10

Arbeitgeberanteil					Arbeitnehmeranteil				
Sozialversicherung					Sozialversicherung				
SV 17,5 %					SV 8 %				
			Arbeitslosigkeit	Krankenversicherung				Arbeitslosigkeit	Krankenversicherung
Rentenversicherung	Lohnfortzahlung im Fall von Krankheit und Mutterschaft	Unfall			Rentenversicherung	Lohnfortzahlung im Fall von Krankheit und Mutterschaft	Unfall		
14 %	3 %	0,5 %	1 %	3 %	8 %	-	-	1 %	1,5 %
21,5 %					10,5 %				
Total 32 %									

Abb. 4.1 Sozialversicherungssätze

künften. Abzusetzen sind zudem Pflichtbeiträge für Kranken-, Renten- und Arbeitslosenversicherung. Pflichtversicherungen von Ausländern im Heimatland können abgesetzt werden.

Berechnungsgrundlage ist das jeweilige Bruttoeinkommen bei einer Kappung auf das 20-Fache des jährlich der Anpassung unterliegenden und regional differenzierten Mindestlohns. Die Sozialversicherungsbeiträge berechnen sich auf dieser Grundlage mit den in Abb. 4.1 dargestellten Prozentsätzen.

Ausländische Arbeitnehmer sind nicht mit der Arbeitslosenversicherung belastet und auch nicht in ihr versichert. Bei Beendigung des Arbeitsverhältnisses muss eine Abfindung gezahlt werden als Ausgleich für die Nichteinzahlung in die Arbeitslosenversicherung. Diese Abfindung richtet sich nach der Dauer der Beschäftigung und kann vertraglich nicht abbedungen werden.

Auf das nach Vornahme der Abzüge zu versteuernde Einkommen aus nicht selbstständiger Arbeit wird ein progressiver Steuersatz von maximal 35 % angewandt (siehe Tab. 4.4).

Ein Monatseinkommen von 40 Mio. VND führt zu einem zu versteuernden Einkommen von 25,769,000 VND, da vom Bruttoeinkommen die Sozialversicherungsbeiträge des Arbeitnehmers von 3,231,000 VND und ein Selbstbehalt von 11 Mio. VND abzuziehen sind.

Dieses Monatseinkommen unterliegt einer durchschnittlichen Steuer von 8,76 % (siehe Tab. 4.5).

Tab. 4.4 Steuerprogression für regelmäßiges Einkommen von Personen mit steuerlichem Wohnsitz in Vietnam

Steuerstufe	Teil des steuerbaren Jahreseinkommens in Mio. VND	Teil des steuerbaren Monatseinkommens in Mio. VND	Steuersatz in %
1	bis zu 60	bis 5	5
2	über 60 bis 120	über 5 bis 10	10
3	über 120 bis 216	über 10 bis 18	15
4	über 216 bis 384	über 18 bis 32	20
5	über 384 bis 624	über 32 bis 52	25
6	über 624 bis 960	über 52 bis 80	30
7	über 960	über 80	35

Tab. 4.5 Beispielrechnung Gehalt

Zu versteuerndes Einkommen in VND	Steuersatz in %	Steuerbetrag in VND
5.000.000	5	250.000
5.000.000	10	500.000
8.000.000	15	1.200.000
7.769.000	20	1.553.800
Summe: 25.769.000	Durchschnittssatz: 8,76 %	3.503.800

Regelmäßige gewerbliche Einkünfte und solche aus selbstständiger Tätigkeit

Für selbstständige Tätigkeit beträgt der Pauschalsteuersatz 10 %. Regelmäßige gewerbliche Einkünfte unterliegen festen Steuersätzen. Diese berechnen sich als Prozentsatz des Umsatzes. Der Satz beträgt je nach Branche 0,5 bis 5 % (siehe Tab. 4.6). Falls der Umsatz nicht klar zu ermitteln ist, wird dieser durch die Steuerbehörde geschätzt.

Unregelmäßige Einkünfte

Zinseinnahmen, Dividenden und ähnliche Einkünfte werden zum Zeitpunkt des Anfalls ohne Abzug versteuert. Einkünfte aus Lizenzen und Franchise sowie aus Lotterien werden bei Anfall unter Beachtung eines Freibetrages von 10 Mio. VND (etwa 390 €) versteuert.

Einkünfte aus Erbschaften oder Schenkungen von Gegenständen, die der Registrierung unterliegen wie Immobilien oder Kapitalanlagen, werden versteuert, soweit sie 10 Mio. VND (etwa 390 €) je Fall übersteigen. Maßgeblich ist der jeweilige Marktpreis.

Einkünfte aus der Übertragung von Kapitalanteilen berechnen sich aus dem Erlös minus Anschaffungskosten und Kosten. Einkünfte aus der Übertragung von Wertpapieren werden anhand des Verkaufspreises besteuert. Einkünfte aus Übertragungen von Immobilien werden anhand des Verkaufspreises oder des Werts bei Transaktion besteuert.

Anders als bei den regelmäßigen Einkünften werden bzgl. der unregelmäßigen Einkünfte keine Abzüge vorgenommen. Die Steuersätze zeigt Tab. 4.7.

Tab. 4.6 Steuersätze für regelmäßige gewerbliche Einkünfte

Steuerbares Einkommen aus	Prozentsatz des Umsatzes
Verteilung und Lieferung von Waren	0,5
Dienstleistungen und Konstruktion ohne Lieferung von Rohstoffen	2
Vermietung, Agentur für Versicherungen, Lotterien, „Multi-Level-Marketing"	5
Produktion, Transport unter Einschluss von Dienstleistungen	1,5
Anderen Geschäftsaktivitäten	1

Tab. 4.7 Steuersätze für unregelmäßige Einkünfte

Unregelmäßige Einkünfte aus	Steuersatz in %
Kapitalanlagen	5
Lizenz- und Franchisegebühren	5
Gewinnen, Lotterien, Preisen	10
Erbschaften und Geschenken	10
Verkauf von Kapitalanteilen	20
Verkauf von Wertpapieren	0,1
Verkauf von Immobilien	2

4.2.7 Steuerverwaltung

4.2.7.1 Anmeldung

Steuerpflichtige sind binnen zehn Tagen ab Erfüllung des zur Besteuerung führenden Sachverhaltes anzumelden und es ist die Zuteilung einer Steuernummer zu beantragen. Dies wird in aller Regel der Arbeitgeber durchführen bzw. durchführen lassen.

4.2.7.2 Einbehalt von Steuern

Arbeitgeber haben die ESt zu berechnen, vom auszubezahlenden Gehalt abzusetzen und an die vietnamesische Staatskasse abzuführen. Dies gilt auch für Arbeitgeber, die nicht in Vietnam präsent sind. Im Fall des Vorliegens eines zur Steuerbefreiung führenden Tatbestandes aus einem Doppelbesteuerungsabkommen hat der Steuerpflichtige rechtzeitig vor Anfall der Steuer die Befreiung zu beantragen.

Neben dem Arbeitgeber hat auch der Arbeitnehmer die Pflicht, die ESt zu erklären und zu zahlen.

Die Verpflichtung zur Versteuerung des Welteinkommens trifft den Arbeitnehmer und nicht den Arbeitgeber. Gleiches gilt für die Geltendmachung einer Befreiung oder Begrenzung der Besteuerung unter einem Doppelbesteuerungsabkommen. Zumeist wird aber der Arbeitgeber aus einer arbeitsrechtlichen Verpflichtung heraus diese Aufgaben im Interesse des Arbeitnehmers erfüllen bzw. erfüllen lassen.

4.2.7.3 Steuererklärungen, Strafen

Die ESt ist je Quartal abzurechnen und abzuführen. Jährlich sind Jahressteuererklärungen binnen 90 Tagen nach Ende des Steuerjahres einzureichen. Steuernachzahlungen sind zum gleichen Zeitpunkt zu leisten. Bei verspäteter Erklärung und/oder Zahlung werden Zuschläge erhoben.

Personen ohne steuerlichen Wohnsitz in Vietnam müssen keine Jahressteuererklärungen einreichen.

4.2.8 Besondere Überlegungen zur Entsendung von Mitarbeitern

Werden Mitarbeiter nach Vietnam entsandt, um dort zu arbeiten, sind auch hinsichtlich der steuerlichen Behandlung einige Besonderheiten zu beachten.

Steuerpflichtig ist der Arbeitnehmer. Der Arbeitgeber ist im Grundsatz zur Abführung der Steuer für den Arbeitnehmer verpflichtet. Wenn der Arbeitgeber keine registrierte Präsenz in Vietnam hat, kann der Arbeitgeber keine Steuernummer beantragen und damit auch nicht direkt die Steuer abführen. Er muss die Abführung zu der individuellen Steuernummer des Mitarbeiters vornehmen oder dies von dem Arbeitnehmer oder einem Dritten vornehmen lassen.

Der anwendbare Steuersatz hängt auch vom privaten Verhalten des Mitarbeiters ab. Hat dieser aus nicht mit dem Arbeitgeber im Zusammenhang stehenden Gründen bereits vor der aktuellen Entsendung Vietnam besucht, hat das Steuerjahr bereits vor dieser Entsendung begonnen. Für eine korrekte Behandlung der Steuerpflichten benötigt der Arbeitgeber daher Informationen von dem Arbeitnehmer, die dieser als seiner Privatsphäre zugehörig ansehen kann. Dem steuerlichen Berater in Vietnam muss eine Kopie des Reisepasses des Steuerpflichtigen übermittelt werden, und zwar von allen Seiten des Reisepasses. Wenn die Personalabteilung dies handhabt, kommt es gelegentlich zur Verweigerung des Mitarbeiters, weil dieser dem Arbeitgeber nicht seine private Reisetätigkeit offenlegen möchte.

Die Einkommensteuerpflicht besteht ohne Einschränkungen auch für Kurzzeitbesuche. Da es sich um eine Pflicht des Arbeitnehmers handelt, kann dieser durchaus die Forderung erheben, dass die steuerliche Pflicht erfüllt wird oder aber durch Geltendmachung einer Befreiung unter dem Doppelbesteuerungsabkommen die Zahlung vermieden wird.

In vielen Fällen wird sich ein arbeitsrechtlicher Anspruch des Arbeitnehmers ergeben, der den Arbeitgeber verpflichtet, für die korrekte Erledigung der steuerlichen Pflichten, die im Zusammenhang mit der Entsendung stehen, zu sorgen. Vielfach ist dies auch ausdrücklich so vereinbart. Da diese Verpflichtung nur erfüllt werden kann, wenn private Reisedaten offengelegt werden, ist eine qualifizierte Vereinbarung sinnvoll. Gelegentlich kommt der Arbeitgeber dieser Aufgabe auch in der Weise nach, dass auf Kosten des Arbeitgebers ein steuerlicher Berater die Aufgaben erledigt und der Arbeitnehmer die Informationen diesem direkt übermittelt.

4.3 Umsatzsteuer

4.3.1 Überblick

Umsatzsteuer (USt) wird auf alle Bereiche der Wirtschaftstätigkeit erhoben.[4] Die generellen Regelungen finden Anwendung auf in Vietnam registrierte Unternehmen sowie auf ausländische Unternehmen, welche in Vietnam eine Betriebsstätte unterhalten, wenn sie sich für die Anwendung des vietnamesischen Buchhaltungssystems und diese Besteuerungsform entschieden haben. Anderenfalls wird die USt in Form der Quellen-USt erhoben. Der allgemeine Steuersatz beträgt 10 %.

4.3.2 Steuerpflicht

Steuerpflichtig sind alle Personen und Unternehmen, welche gewerblich

- in Vietnam Waren herstellen, Handel treiben oder Dienstleistungen erbringen,

---

[4] Gesetz Nr. 13/2008/QH12 über Umsatzsteuer, zuletzt geändert durch Gesetz Nr. 106/2016/QH13 vom 06.04.2016.

- Waren aus dem Ausland importieren oder
- Dienstleistungen im Ausland einkaufen.

Der Export von Waren und Dienstleistungen unterliegt i. d. R. dem Steuersatz von 0 %.

4.3.2.1 Steuerpflichtige Waren und Dienstleistungen

Allgemeines
Die Bereitstellung von Waren und Dienstleistungen in Vietnam ist steuerpflichtig, soweit dies nicht abweichend geregelt ist.

Von der Umsatzsteuer befreite Waren und Dienstleistungen
Folgende Waren und Dienstleistungen sind von der USt befreit. Darauf bezogene Vorsteuer kann nicht geltend gemacht werden:

- bestimmte Produkte der Landwirtschaft und Aquakultur
- Düngemittel, Futtermittel, Tiere
- Fischerboote und diesen dienende Maschinen und Anlagen
- spezielle Maschinen und Anlagen, welche der landwirtschaftlichen Produktion dienen
- bestimmte Einrichtungen der Infrastruktur
- bestimmte Versicherungen
- Übertragung von Landnutzungsrechten unter bestimmten Bedingungen
- bestimmte Bank- und Finanzdienstleistungen
- Human- und Veterinärmedizin
- bestimmte kulturelle und pädagogische Dienstleistungen
- bestimmte Post-, Radio- und Fernsehdienste und Publikationen
- öffentlicher Nahverkehr
- Import bestimmter Maschinen und Anlagen, die in Vietnam nicht erzeugt werden können
- Bodenschätze vor der Verarbeitung
- Spenden, Geschenke, Handgepäck und Privatvermögen unter bestimmten Bedingungen
- Goldbarren
- Technologietransfer unter besonderen Bedingungen

Dies ist ein Auszug aus der Auflistung in Art. 5 des Gesetzes über Umsatzsteuer.

> **Praxistipp**
> Im Fall der Möglichkeit einer Inanspruchnahme eines Befreiungstatbestandes empfiehlt sich eine frühzeitige Abklärung und Beschreibung im Vertrag, die genau den gesetzlichen Anforderungen entspricht.

Nicht erklärungspflichtig
Folgende Umsätze müssen nicht erklärt werden und unterfallen nicht der USt. Darauf bezogene Vorsteuer kann nicht geltend gemacht werden:

- Einkommen bestehend aus Entschädigungen, Prämien oder Zulagen, aus Kapitalanlagen sowie sonstigen Finanzerträgen
- Die folgenden Dienstleistungen, wenn sie im Ausland gekauft und dort verbraucht wurden, falls der Verkäufer keine Betriebsstätte in Vietnam unterhält:
    - Reparatur von Transportfahrzeugen
    - Reparatur von Maschinen und Anlagen
    - Werbung und Marketing (ohne internetbasierte Werbung)
    - Investitionen
    - Maklerdienste für den Verkauf von Waren und Dienstleistungen
    - Ausbildung
    - Anmietung einer Internetverbindung oder eines Satelliten-Frequenzbandes
- Verkauf von Anlagegütern durch Einzelpersonen und Organisationen, die nicht geschäftlich sind
- Übertragung von Anlagen innerhalb einer Unternehmensgruppe
- Aufbringung von Unternehmenskapital in Form der Einbringung von Vermögenswerten
- Übertragung von Investitionsprojekten zur Herstellung von und des Handels mit Waren oder Dienstleistungen, welche USt-pflichtig sind, an Unternehmen oder Genossenschaften

- Übertragung von Vermögen im Rahmen einer Spaltung, Verschmelzung oder Umwandlung von Unternehmen
- Einnahme von Geld ohne Zusammenhang zum Verkauf von Waren und Dienstleistungen
- Einnahmen von Dritten im Zusammenhang mit Versicherungsverträgen
- Unternehmen und Genossenschaften, bei Verkauf von Agrarprodukten und Produkten aus Aquakultur, solange diese nicht oder nur geringfügig verarbeitet sind
- Waren, die exportiert, aber von dem ausländischen Käufer zurückgegeben wurden. Werden diese aber in Vietnam verkauft, ist USt zu berechnen.

Export von Waren und Dienstleistungen
Der Export von Waren und Dienstleistungen unterliegt dem Steuersatz von 0 %. Die damit im Zusammenhang stehende Vorsteuer kann geltend gemacht werden.

Oft gibt der Export von Dienstleistungen Anlass zu Zweifeln. Die Voraussetzungen sind:

- Der Empfänger der Dienstleistung unterhält keine Betriebsstätte bzw. keinen Wohnsitz in Vietnam.
- Der Inhalt der Dienstleistung weist keinen Bezug zu einer tatsächlichen oder geplanten Tätigkeit des Empfängers in Vietnam auf.

> **Praxistipp**
> Die Ausstellung von Rechnungen mit dem Ausweis von 0 % USt ist mit einem hohen Risiko behaftet. Diese Sachverhalte sind bevorzugte Gegenstände der Untersuchung bei Betriebsprüfungen. Die Auffassung der Verwaltung zu Detailfragen unterliegt einer fortwährenden Entwicklung.
> Der Leistungsvertrag sollte den Gegenstand der Dienstleistung klar beschreiben wie auch die Umstände der Verwendung der Dienstleistung außerhalb Vietnams und zugleich eine klare Regelung zur Verteilung des Risikos einer nachträglichen Einordnung als steuerbar enthalten.

Jedoch unterliegen folgende Leistungen der Regelbesteuerung, auch wenn sie exportiert werden:

- Technologietransfer, Transfer von geistigem Eigentum
- Verkauf von importiertem Tabak, Alkohol und Bier
- Verkauf von Rückversicherungen
- Erbringung von Kreditdienstleistungen
- Verkauf von Wertpapieren
- Erbringung von Dienstleistungen bzgl. Derivaten
- Verkauf von Telekommunikations- und Postleistungen
- Verkauf von unverarbeiteten Rohstoffen

4.3.2.2 Berechnungsgrundlage der Umsatzsteuer

Der Steuersatz wird auf den maßgeblichen Umsatz angewendet. Für die Bemessung des steuerpflichtigen Umsatzes ist maßgeblich, jeweils ohne die USt:

- für Waren und Dienstleistungen der Vertragspreis. Allerdings sind die ggf. anfallenden besonderen Steuern, z. B. bei Einfuhr von Alkoholika, hinzuzurechnen und bilden einen Teil des steuerpflichtigen Umsatzes,
- für Waren und Dienstleistungen, die Gegenstand eines Tauschvertrages sind, der Marktpreis
- im Fall von Teilzahlungen der Preis ohne ggf. zu zahlende Zinsen
- für die Verarbeitung von Waren das vereinbarte Entgelt
- im Fall von Bau- und Montageleistungen der Wert des Werkes bzw. der Wert des teilweise fertiggestellten Werkes
- für Immobiliengeschäfte der Verkaufspreis der Immobilie, ohne Entgelte für die Übertragung der Landnutzungsrechte oder Gebühren für die Landnutzung
- für Agentur- und Maklertätigkeit die vereinbarte Vergütung

> **Praxistipp**
> Der detaillierte Ausweis der Preiskalkulation erleichtert die korrekte Anwendung der Steuervorschriften. Alle Vereinbarungen müssen schriftlich vorliegen.

4.3.2.3 Maßgeblicher Zeitpunkt

Der für die Berechnung der USt maßgebliche Zeitpunkt ist bei:

- Warenverkauf der Eigentumsübergang
- Dienstleistungen deren Beendigung oder die Zeit der Abrechnung
- Bau- und Montageleistungen einschließlich Schiffbau die Abnahme oder Teilabnahme
- Errichtung von Gebäuden und Infrastruktur der vertragliche Zeitpunkt der Fälligkeit von Zahlungen
- Import von Waren das Datum der Zollanmeldung

4.3.2.4 Steuersätze

Steuersatz von 0 %
Der Steuersatz von 0 % gilt für den Export von Gütern und Dienstleistungen.

Steuersatz von 5 %
Der ermäßigte Steuersatz von 5 % gilt für lebenswichtige Güter und Dienstleistungen. Dies sind insbesondere:

- Versorgung mit Trinkwasser und Wasser für Produktion, ausgenommen in Flaschen abgefülltes Wasser und andere Getränke
- Bodenschätze in der Verwendung für die Herstellung von Düngemitteln, Pestiziden und wachstumsfördernden Produkten für Tier- und Pflanzenzucht
- Dienstleistungen zur Herstellung von Gräben, Kanälen und Teichen, die der Landwirtschaft dienen
- Dienstleistungen des Anpflanzens, der Pflege und Schädlingsbekämpfung von landwirtschaftlichen Anpflanzungen sowie der Erstbearbeitung landwirtschaftlicher Produkte
- Anbau landwirtschaftlicher Produkte, Tierhaltung und Aquakultur, soweit keine Befreiung greift

- Latex und Harz, Netze, Schnur und Fasern für Fischernetze
- frische Lebensmittel
- forstwirtschaftliche Produkte vor der Verarbeitung mit der Ausnahme von Holz, Bambus und steuerbefreiten Produkten
- Zucker und Nebenprodukte der Zuckerherstellung
- Produkte aus Jute, Binsen, Bambus, Rattan, Kokosfasern und -schalen, Wasserhyazinthe und andere handgefertigte Produkte aus landwirtschaftlichen Rohstoffen
- medizinische Geräte und Instrumente, pharmazeutische Produkte, Rohstoffe für medizinische Produkte, medizinisch genutzte Baumwolle und Bandagen
- Hilfsmittel für Lehre und Studium
- kulturelle und sportliche Aktivitäten wie Ausstellungen, Künstlerauftritte, Filmproduktion und -vertrieb
- Spiele für Kinder, alle Arten von Büchern, sofern keine Steuerbefreiung greift
- wissenschaftliche und technologische Dienstleistungen gemäß dem Gesetz über Wissenschaft und Technik
- Verkauf und Vermietung von Sozialwohnungen

Steuersatz von 10 %
Der Steuersatz von 10 % gilt in allen Fällen, in denen weder die Steuersätze von 0 % oder 5 % gelten noch Steuerfreiheit gegeben ist.

4.3.2.5 Methoden zur Berechnung der Umsatzsteuer

Die USt kann entweder unter Anrechnung der Vorsteuer oder aber direkt berechnet werden.

Berechnung unter Anrechnung der Vorsteuer
Diese Methode entspricht in den Grundzügen der in Deutschland geltenden Regelung. Sie kann nur angewandt werden von Unternehmen und Einzelpersonen, die das vietnamesische Buchhaltungssystem vollständig anwenden. Sie müssen hierfür besonders registriert sein und über die formal notwendigen Rechnungen verfügen.

Berechnung unter der direkten Methode
Unternehmen und Einzelpersonen, welche die Voraussetzungen zur Anrechnung der Vorsteuer nicht erfüllen, haben diese Methode anzuwenden.

Neu gegründete Betriebe und Betriebe mit einem Jahresumsatz von unter 1 Mrd. VND (etwa 39.100 €) wenden diese Methode an, sofern sie nicht freiwillig die Anrechnungsmethode anwenden, wofür sie die gegebenen Voraussetzungen erfüllen müssen.

Der Handel mit und die Bearbeitung von Gold, Silber und Edelsteinen unterliegt zwingend der direkten Methode. Die Besteuerungsgrundlage hierfür wird ermittelt durch Abzug der Kosten vom Umsatz. Hierauf wird ein fester Steuersatz angewandt. Der gesamte Geschäftsbereich ist einer gesonderten Buchhaltung zu unterstellen.

Für andere Güter und Dienstleistungen ist die Besteuerungsgrundlage der Umsatz.

Die Steuer berechnet sich in Anwendung der Sätze in Tab. 4.8:

Sofern die Regelungen der Quellensteuer-USt greifen, sind diese vorrangig.

Anrechnungsmethode
Unter dieser Methode wird von der berechneten USt die gezahlte USt als Vorsteuer abgezogen.

Die Handhabung dieser Methode ist sehr stark formalisiert, arbeitsintensiv und ohne eine qualifizierte Buchhaltung nicht zu bewältigen.

Tab. 4.8 Steuersätze der USt bei direkter Besteuerung

Geschäftsbereich	Steuersatz in %
Handel	1
Dienstleistungen oder Bauarbeiten (aber ohne Bauarbeiten, welche die Lieferung von Baumaterial enthalten)	5
Produktion, Transport, Dienstleistungen in Verbindung mit Warenlieferungen und Bauarbeiten, welche die Lieferung von Baumaterial einschließen	3
Andere Geschäfte	2

Als berechnete USt ist anzusetzen

- die tatsächlich berechnete USt, wenn die Berechnung korrekt oder zu hoch ist, oder
- die tatsächlich geschuldete, aber nicht berechnete USt, wenn die Berechnung zu gering oder gar nicht erfolgt ist.

Die Geltendmachung der Vorsteuer setzt voraus,

- dass die Vorleistungen für Produkte und Dienstleistungen erbracht wurden, die der USt unterfallen (einschließlich dem Satz von 0 % USt). Anderenfalls kann zwar die Vorsteuer nicht geltend gemacht werden, aber der gezahlte Gesamtbetrag einschließlich der gezahlten USt ist abzugsfähiger Aufwand unter der KSt.
- wenn Vorleistungen sowohl für Produkte und Dienstleistungen erbracht wurden, die der USt unterfallen, als auch für solche, die nicht der USt unterfallen, dass diese Vorleistungen korrekt zwischen beiden aufgeteilt worden sind. In diesem Fall ist nur der Teil abzugsfähig, der auf die Vorleistungen entfällt, die für Produkte und Dienstleistungen erbracht wurden, die der USt unterfallen.
- dass eine korrekte Rechnung vorliegt. Diese muss inhaltlich mit dem Vertrag korrespondieren und zudem formal korrekt sein.
- dass der relevante Betrag per Banküberweisung vom Geschäftskonto gezahlt wurde. Bis zu einem Betrag von 20 Mio. VND (etwa 780 €) ist auch Barzahlung zulässig. Geeignete Belege sind zur Buchhaltung zu nehmen.
- jedenfalls im Fall von Exportgeschäften einen unterschriebenen Vertrag sowie Exportdokumente.

> **Praxistipp**
> Bei Vertragsverhandlungen und -formulierungen ist insbesondere bei ausländisch investierten Unternehmen streng darauf zu achten, dass das jeweilige Geschäft die Grenzen der dem Unternehmen erteilten Lizenz einhält. Bei Durchführung von Geschäften außerhalb der Lizenz sind die anfallenden Kosten nicht abzugsfähig, die Vorsteuer muss außer Ansatz bleiben.

4.3.3 Steuererstattung

Im Grundsatz ist das sich aus der Abrechnung der USt ergebende Guthaben auf die folgende Abrechnungsperiode vorzutragen. Eine Erstattung der Steuer findet statt, wenn

- Ein neues Investment Projekt ein Steuerguthaben von mindestens 300 Mio. VND (etwa 11.700 €) aufweist.
- im Fall von Exportgeschäft ein Guthaben von mindestens 300 Mio. VND (etwa 11.700 €) gegeben ist,
- in bestimmten Fällen der Vermögensübertragung,
- Personen mit Wohnsitz im Ausland in Vietnam gekaufte Waren ausführen,
- Waren oder Dienstleistungen für Entwicklungshilfe oder humanitäre Hilfe verwendet werden,
- Waren oder Dienstleistungen von Personen mit diplomatischer Immunität gekauft werden,
- die Erstattung durch die maßgeblichen Behörden oder durch internationale Verträge vorgesehen ist.

4.3.4 Steuerverwaltung

4.3.4.1 Steuerliche Registrierung

Alle Steuerpflichtigen haben sich binnen zehn Tagen ab Lizensierung bei der Steuerverwaltung zu registrieren. Binnen gleicher Frist sind ggf. eintretende Änderungen mitzuteilen. Die Verwaltung erteilt umgehend eine Bescheinigung der Registrierung, aus welcher auch die Steuernummer ersichtlich ist.

4.3.4.2 Steuererklärungen und -zahlungen

Die Erklärung und Zahlung der USt muss jeweils bis zum Zwanzigsten des Folgemonats erfolgt sein. Beläuft sich der Vormonatsumsatz auf weniger als 50 Mrd. VND (etwa 1,9 Mio. €), kann die Erklärung und Zahlung vierteljährlich zum 30. des Folgemonats erfolgen. Korrekturen sind bis zum Erlass einer Anordnung zur Steuerprüfung möglich.

Erklärungen haben am Ort der Produktion und/oder der Geschäftstätigkeit zu erfolgen. Falls diese sich über mehrere Orte erstreckt, ist der Umsatz den einzelnen Orten zuzuordnen und jeweils gesondert zu erklären.

4.3.4.3 Rechnungserstellung

Die Rechnung muss bei Verkauf der Waren oder Erbringung der Dienstleistungen ausgestellt werden.

Die Rechnungen müssen elektronisch unter Verwendung eines hierzu staatlich lizensierten online Angebots erstellt werden.

Die Rechnungen sind automatisch fortlaufend nummeriert und müssen detaillierte Angaben enthalten.

Rechnungen müssen in vietnamesischer Sprache erstellt sein. Wenn erforderlich, dürfen fremdsprachliche Übersetzungen zusätzlich aufgenommen werden. Diese Worte müssen in Klammern oder unter den vietnamesischen Text und in einer kleineren Schriftgröße gesetzt werden.

4.3.4.4 Steuerprüfungen, Strafen

Für die Durchführung von Steuerprüfungen sowie die Erhebung von Geldbußen und Strafen gelten die gleichen Regelungen wie für die Körperschaftsteuer dargestellt.

4.4 Quellensteuer für ausländische Geschäftstätigkeit

4.4.1 Keine zusätzliche Steuer

Vietnam unterwirft ausländische Geschäftstätigkeit einer Quellensteuer. Diese ist einerseits in mancher Hinsicht verhältnismäßig kompliziert, aber andererseits für die meisten Anwendungsfälle außerordentlich einfach in der Handhabung.

Die Quellensteuer betrifft jede Geschäftstätigkeit mit Bezug auf Vietnam mit bestimmten Ausnahmen und Einschränkungen. Es ist keine besondere Steuer, sondern eine besondere Form der Berechnung und Erhebung der Umsatzsteuer (USt), der Körperschaftsteuer (KSt) und der Einkommensteuer (ESt).

Die Quellensteuer wurde eingeführt, um der weit praktizierten Steuerverkürzung durch ausländische Geschäftstätige zu begegnen. Das wesentliche Element besteht darin, dass im Normalfall der vietnamesische Vertragspartner die Steuer anhand von Pauschalsätzen zu berechnen und an den Staat abzuführen hat.

4.4.2 Einführung

4.4.2.1 Allgemeines

Geschäftstätigkeiten ausländischer Personen und Unternehmen in Vietnam sowie deren Geschäfte mit in Vietnam ansässigen Wirtschaftseinheiten unterliegen der Umsatzsteuer sowie der Einkommensteuer oder der Körperschaftsteuer in der Form der Quellensteuer, welche oft *Foreign Contractor Withholding Tax* (FCWT) genannt wird.

Die Quellensteuer wird auf ausländische Unternehmer und deren ausländische Subunternehmer im Prinzip in gleicher Weise angewandt. Deswegen ist zwischen diesen nicht zu differenzieren. In der praktischen Handhabung gibt es einen ganz erheblichen Unterschied, der gesondert dargestellt wird.

4.4.2.2 Steuerpflichtige

In Anwendung der Quellensteuer steuerpflichtig sind alle ausländischen Unternehmer einschließlich deren Subunternehmer, Personengesellschaften und Einzelpersonen, wenn diese in Vietnam tätig sind oder Einkommen aus Vietnam beziehen.

- Unternehmen und Personengesellschaften: Unternehmen und Personengesellschaften unterliegen der USt und der KSt in Form der Quellensteuer.
- Einzelpersonen: Einzelpersonen unterliegen der USt und der ESt in Form der Quellensteuer.

Ist eine Einzelperson von einem ausländischen Unternehmer als freiberuflicher Subunternehmer eingesetzt, wird diese Einzelperson steuerlich oft so zu behandeln sein wie ein Angestellter des Unternehmens da der Nachweis des Status als Freiberufler nicht gelingt.

4.4.2.3 Zur Besteuerung führende Sachverhalte

Im Grundsatz ist jede Wirtschaftstätigkeit mit Bezug zu Vietnam dort steuerpflichtig, sofern keine der Ausnahmen gegeben ist.

4.4.2.4 Ausnahmen

Von der Quellensteuer befreit sind:

- ausländisch investierte und in Vietnam registrierte Unternehmen sowie ausländische Unternehmen, die in Vietnam gemäß dem Erdölgesetz oder dem Bankengesetz arbeiten
- Anbieter von Waren oder Dienstleistungen, wenn alle Leistungspflichten des ausländischen Anbieters außerhalb Vietnams enden und er kein Risiko in Vietnam trägt. Ausgenommen hiervon ist die Garantieleistung. Jegliche Dienstleistung wie Inbetriebnahme oder Schulung an der gelieferten Maschine macht den Gesamtvertrag steuerpflichtig.
- ausländische Anbieter, welche Dienstleistungen für den vietnamesischen Abnehmer außerhalb Vietnams erbringen, wenn die Leistungen ausschließlich außerhalb Vietnams verwendet werden. Der Tatbestand der ausschließlichen Verwendung außerhalb Vietnams wird sehr eng ausgelegt.
- ausländische Anbieter, welche folgende Dienstleistungen für den vietnamesischen Abnehmer außerhalb Vietnams erbringen:

- Reparatur von Transportmitteln, Maschinen oder Anlagen
- Werbe- und Marketingdienstleistungen (aber nicht Werbung und Marketing im Internet)
- Maklerdienste
- Ausbildung (aber nicht Online-Training)

• ausländische Anbieter bei Lagerung der Waren in einem Zolllager zwecks Durchführung von Transit, grenzüberschreitendem Verkehr oder für die Verarbeitung in einem anderen Unternehmen

Beispiele für Ausnahmen
- Das ausländische Unternehmen verkauft Waren ohne jede Dienstleistung mit der Vertragsklausel FOB Hafen Hamburg an den vietnamesischen Käufer.
- Das ausländische Unternehmen führt eine Marketingmaßnahme für Produkte des vietnamesischen Kunden durch, aber unter Ausschluss jeglicher internetbasierter Maßnahmen.
- Das vietnamesische Unternehmen nimmt einen ausländischen Makler unter Vertrag, um Kunden für seine Produkte zu gewinnen.

Praxistipp
Die Ausnahmen von der Anwendung der Quellensteuer werden sehr eng ausgelegt. Kleinste Abweichungen können die volle Steuerlast hervorrufen. Verantwortlich für die korrekte steuerliche Behandlung des Geschäfts ist der vietnamesische Vertragspartner. Bei gemeinsamer Annahme eines steuerbefreiten Geschäftes liegt es daher nahe, zu vereinbaren, dass das Risiko einer unerwarteten Steuerforderung bei dem vietnamesischen Vertragspartner liegt.

4.4.3 Steuerpflichtige Tatbestände

Ist bzgl. eines Geschäftes eine Steuerpflicht gegeben, z. B. weil die Warenlieferung unter Einschluss einer Dienstleistung wie der Einrichtung einer Maschine geliefert wird, ist die gesamte Vertragsleistung steuerbar, nicht nur der auf die Dienstleistung entfallende Teil.

> **Praxistipp**
>
> Gelegentliche Praxis von Unternehmen ist es, für dasselbe Vorhaben einen „Offshore-Vertrag" über den Verkauf der Anlage ohne jede Dienstleistung und einen „Onshore-Vertrag" über in Vietnam zu erbringende Dienstleistung zu vereinbaren. Daraus wird die Auffassung abgeleitet, der „Offshore-Vertrag" unterliege nicht der Quellensteuer. Dies ist höchst zweifelhaft, da beide Verträge eine wirtschaftliche Einheit darstellen. Ein solches Vorgehen könnte sogar als strafbare Steuerverkürzung verstanden werden. Es ist höchst ratsam, insoweit bereits bei Beginn der Vertragsverhandlungen Klarheit herzustellen. Der Verweis auf die – sicher gegebene – beanstandungsfreie Praxis anderer Unternehmen sollte über das Risiko nicht hinwegtäuschen.

An sich könnte es ausreichen, festzuhalten, dass im Grunde genommen alle Wirtschaftstätigkeit mit Bezug auf Vietnam der Quellensteuer unterliegt, bis auf die genannten Ausnahmen. Gleichwohl soll auf die detaillierten Tatbestände eingegangen werden.

4.4.3.1 Zur Quellen-USt führende Tatbestände

Die folgenden Tatbestände führen zu einer Quellen-USt:

- Dienstleistungen, die der Produktion, Wirtschaft und dem Konsum in Vietnam dienen
- Dienstleistungen, die im Zusammenhang mit Warenlieferungen stehen, welche die USt-Pflicht auslösen
- Der Import von Waren unterliegt an sich nicht der Quellen-USt, wohl aber der Einfuhr-USt. Ist innerhalb eines Vertrages aber nicht zwischen Warenlieferung und Dienstleistung getrennt, ist die Quellen-USt auf den vollen Vertragswert zu entrichten.

Beispiel
Die vietnamesische Gesellschaft V kauft Maschinen von der ausländischen Firma F im Wert von 1 Mio. €. Zusätzlich sind Leistungen der Inbetriebnahme mit 100.000 € vereinbart. Die Ausschreibung umfasst Lieferung

von Materialien, Maschinen und Ausrüstungen, die mit Bauarbeiten verbunden sind. Warenwert und Wert der Dienstleistung sind im Vertrag gesondert ausgewiesen.

Vertragsleistung	Wert der Leistung	Quellen-USt in %	Betrag der USt
Warenverkauf	1 Mio. €	0 %	0 €
Inbetriebnahme	100.000 €	5 %	5000 €
Summe Steuer			5000 €

Wenn aber der Vertrag nicht zwischen den Werten differenziert oder der auf die Warenlieferung entfallende Teil auch (andere) Dienstleistungen umfasst, ergibt sich eine deutlich höhere Steuerlast.

Vertragsleistung	Wert der Leistung	Quellen-USt in %	Betrag der USt
Gesamtleistung	1,1 Mio €	3 %	33.000 €
Summe Steuer			33.000 €

Die hier angeführte Unterteilung der Rechnungsbeträge ist vereinfacht, um das Prinzip darzustellen. Tatsächlich sollte, um eine optimale Besteuerung zu gewährleisten, eine sehr viel differenziertere Unterteilung erfolgen. Diese muss auch berücksichtigen, ob bei Anwendung eines bestimmten Doppelbesteuerungsabkommens für bestimmte Leistungsteile eine Befreiung möglich ist. Die vielfach angewandte „offshore/onshore" Unterteilung ist für Vietnam irrelevant, da die Gesamtleistung der Steuerpflicht unterliegt und die Befreiungen nicht pauschal für offshore-Leistungen greifen.

> **Praxistipp**
>
> Es ist sehr ratsam, den auf Vietnam bezogenen Vertrag von vornherein so anzulegen, dass der Verkauf von Waren- bzw. Anlagen ohne jede Dienstleistung ausgewiesen wird. Auch Formulierungen wie „inklusive Transport zur Baustelle" bei der Beschreibung der Lieferposition sind schädlich, da es sich bei diesem Transport um eine Dienstleistung handelt.
> Da eine angenommene Steuerbefreiung bei Beginn der Verhandlungen oft noch nicht feststeht, sollte diese Differenzierung auf jeden Fall erfolgen.

Es ist zu erwähnen, dass der Importeur eine Einfuhrumsatzsteuer von 10 % zu entrichten hat, die er aber zugleich unter den gegebenen Voraussetzungen als Vorsteuer geltend machen kann. Dies steht nicht im Zusammenhang zu der Quellen-USt.

Auch die in der Quellensteuer enthaltene USt ist Vorsteuer für den vietnamesischen Partner.

4.4.3.2 Zur Quellen-KSt führende Tatbestände

Die folgenden Tatbestände führen zu einer Quellen-KSt:

- Dienstleistungen, die der Quellen-USt unterliegen
- Warenverkauf innerhalb Vietnams
- Warenverkauf, der in einem Zusammenhang steht mit in Vietnam verwendeten Dienstleistungen

Steuerpflichtig ist der Gesamtwert der Waren und Dienstleistungen. Dies beinhaltet insbesondere Umsätze aus:

- Eigentumsübertragungen
- Übertragung von Rechten an einem Vertrag oder Projekt in Vietnam
- Urheberrechten
- Übertragung und Liquidierung von Aktiva
- Darlehenszinsen
- Übertragung von Sicherheiten
- Vertragsstrafen
- anderen vom Gesetz beschriebenen Einnahmen

4.4.4 Methoden der Besteuerung

4.4.4.1 Übersicht

Es gibt drei Methoden zur Berechnung der Quellensteuer. Ausländische Unternehmen, die keine Methodenwahl vornehmen, werden automatisch nach der pauschalen Methode besteuert. Diese ist für den ausländischen Unternehmer oft sehr vorteilhaft.

Der ausländische Unternehmer ist zwar als steuerpflichtig anzusehen, die Durchführung der Berechnung und Abführung der Steuer obliegt aber allein dem vietnamesischen Vertragspartner, sofern der ausländische Unternehmer nicht eine der beiden anderen Methoden wählt. Die Methoden sind:

- pauschale Besteuerung
- vollständige Anwendung der vietnamesischen Buchhaltung
- gemischte Methode

Eine Methodenwahl ist zulässig, wenn diese Voraussetzungen erfüllt sind:

- Das ausländische Unternehmen bzw. der Einzelunternehmer unterhält eine Betriebsstätte oder einen Wohnsitz in Vietnam.
- Die Geschäftstätigkeit in Vietnam dauert mindestens 183 Tage ab Vertragsschluss.
- Der ausländische Unternehmer muss das vietnamesische Buchhaltungssystem vollständig anwenden, sich steuerlich registrieren und eine Steuernummer erhalten haben.
- Das ausländische Unternehmen hat die Wahl der Methode erklärt.

Ausländische Unternehmer, die nicht alle Bedingungen erfüllen, unterfallen der pauschalen Besteuerung.

Der Auftraggeber des ausländischen Unternehmers wie auch des ausländischen Subunternehmers muss die Steuerbehörde Vietnams innerhalb von 20 Tagen nach Abschluss des Vertrages über die Methodenwahl unterrichten.

> **Praxistipp**
>
> Bereits während der Vertragsverhandlungen sollte dies erörtert werden. In den allermeisten Fällen wird der Subunternehmer mit der pauschalen Besteuerung einverstanden sein. Auch für den ausländischen Unternehmer ist dies in den meisten Fällen die günstigste Methode.

4.4.4.2 Rechnungslegung unter den verschiedenen Methoden

Den Regelfall bildet die pauschale Besteuerung. Bei Anwendung dieser Methode muss der vietnamesische Vertragspartner die Quellensteuer für das ausländische Unternehmen berechnen und von dem vereinbarten und berechneten Betrag abziehen.

Unter beiden anderen Methoden muss der ausländische Unternehmer die reguläre USt von 10 % auf den vereinbarten Preis aufschlagen.

4.4.4.3 Steuerklausel

Gelegentlich sind in Verträgen Vereinbarungen zu finden wonach der vietnamesische Partner „alle vietnamesischen Steuern" zu tragen hat. Diese Klausel ist unwirksam, da sie der zwingenden gesetzlichen Regelung zur Steuerpflicht zuwiderläuft. Die Quellensteuer ist eine Steuer des ausländischen Unternehmers. Der vietnamesische Partner hat lediglich die Verpflichtung, die steuerlichen Pflichten des ausländischen Unternehmens für dieses zu erfüllen.

Durch eine qualifizierte Steuerklausel kann vereinbart werden, dass das wirtschaftlich gewollte Ergebnis auch rechtlich wirksam ist.

4.4.4.4 Betriebsstätte

Ob ein ausländischer Auftragnehmer eine Betriebsstätte in Vietnam unterhält, beurteilt sich nach vietnamesischem Recht und den einschlägigen Doppelbesteuerungsabkommen (DBA). Die Regelungen der DBA genießen Vorrang.

Betriebsstätte nach vietnamesischem Recht
Betriebsstätten von ausländischen Unternehmen sind die Orte, durch die das ausländische Unternehmen ganz oder teilweise das Geschäft betreibt, Transportmittel, Gas- und Ölfelder sowie andere natürliche Ressourcen. Insbesondere sind dies Dienstleistungseinrichtungen, Baustellen, Standorte der Rohstoffförderung einschließlich der Erbringung von Dienst-

leistungen über Dritte. Solche Dritte sind Personen, welche Verträge unter dem Namen des ausländischen Unternehmens abschließen. Aber auch wenn sie nicht zum Abschluss von Verträgen im Namen des ausländischen Unternehmens befugt sind, aber für dieses regelmäßig Waren oder Dienstleistungen in Vietnam anbieten.

Diese Regelung ist außerordentlich weit gefasst und wird von der Steuerverwaltung auch so verstanden. Sehr bedeutsam ist daher ihre Einschränkung durch die einschlägigen Doppelbesteuerungsabkommen.

Gesetzeswortlaut
Artikel 5 des DBA Deutschland – Vietnam bestimmt den Begriff der Betriebsstätte einengend:

„(3) Eine Bauausführung oder Montage ist nur dann eine Betriebsstätte, wenn ihre Dauer sechs Monate überschreitet.
(4) ... gelten nicht als Betriebsstätten:

a. Einrichtungen, die ausschließlich zur Lagerung, Ausstellung oder Auslieferung von Gütern oder Waren des Unternehmens benutzt werden;
b. Bestände von Gütern oder Waren des Unternehmens, die ausschließlich zur Lagerung, Ausstellung oder Auslieferung unterhalten werden;
c. Bestände von Gütern oder Waren des Unternehmens, die ausschließlich zu dem Zweck unterhalten werden, durch ein anderes Unternehmen bearbeitet oder verarbeitet zu werden;
d. eine feste Geschäftseinrichtung, die ausschließlich zu dem Zweck unterhalten wird, für das Unternehmen Güter oder Waren einzukaufen oder Informationen zu beschaffen;
e. eine feste Geschäftseinrichtung, die ausschließlich zu dem Zweck unterhalten wird, für das Unternehmen andere Tätigkeiten auszuüben, die vorbereitender Art sind oder eine Hilfstätigkeit darstellen;

(6) Ein Unternehmen wird nicht schon deshalb so behandelt, als habe es eine Betriebsstätte in einem Vertragsstaat, weil es dort seine Tätigkeit durch einen Makler, Kommissionär oder einen anderen unabhängigen Vertreter ausübt, sofern diese Personen im Rahmen ihrer ordentlichen Geschäftstätigkeit handeln."

Hervorzuheben ist, dass die Beschäftigung eines unabhängigen Vertreters dann nicht zur Begründung einer Betriebsstätte führt, wenn dieser im Rahmen seines ordentlichen Geschäftsbetriebes handelt.

> **Praxistipp**
>
> Vorsicht ist geboten mit der Beschäftigung von sich zur Geschäftsanbahnung in Vietnam anbietenden Personen. Diese sollten in jedem Fall aufgefordert werden, ihre Lizenz zur Durchführung dieses Gewerbes und die steuerliche Registrierung vorzuweisen. Nur in seltenen Fällen wird beides gegeben sein.

DBA Singapur – Vietnam
Dieses DBA ist anzuführen, weil es eine Tendenz zur Ausweitung des Begriffs der Betriebsstätte aufweist und nicht wenige ausländische Unternehmen einen Teil ihrer Geschäfte in Südostasien von Singapur aus betreiben.

Dieses DBA enthält seit einer im Jahr 2013 in Kraft getretenen Änderung ausdrücklich die Bestimmung, dass eine Betriebsstätte auch begründet wird durch die Erbringung von Dienstleistungen, einschließlich Beratungsleistungen, die von Mitarbeitern des Unternehmens oder durch Dritte erfolgen, wenn diese dauerhafter Natur sind und ihre Dauer durch ein oder mehrere Projekte den Zeitraum von 183 Tagen binnen beliebiger zwölf Monate übersteigt.

> **Praxistipp**
>
> Fazit: Die Steuerverwaltung wird bei der Prüfung des Vorliegens einer Betriebsstätte immer vom vietnamesischen Recht ausgehen. Dessen Definition ist sehr weit. Das DBA Deutschland – Vietnam schränkt diesen Begriff deutlich ein, wohingegen das DBA Singapur – Vietnam diese Einschränkung nicht bietet.

Allerdings ist die Frage des Vorliegens einer Betriebsstätte im Rahmen der Anwendung der Quellensteuer von begrenzter Bedeutung.

- Für die Wahl einer Besteuerungsmethode muss der ausländische Unternehmer eine Betriebsstätte in Vietnam haben.
- Für die Geltendmachung von Steuerbefreiungen oder -beschränkungen unter einem DBA ist von Bedeutung ob eine Betriebsstätte besteht. Viele Befreiungstatbestände sind nur gegeben, wenn keine Betriebsstätte besteht.

Wegen der recht günstigen pauschalen Besteuerung bemühen sich manche Unternehmen darum, dass ihr Projekt zur Begründung einer Betriebsstätte führt. Dies hat zur Folge, dass keine Möglichkeit der Befreiung von der Quellensteuer besteht und eine nochmalige Besteuerung dieses Umsatzes im Heimatland unter den Voraussetzungen des jeweiligen Doppelbesteuerungsabkommens zu unterbleiben hat.

> **Praxistipp**
>
> Die genaue Planung der in Vietnam und im Heimatland anfallenden Steuern sollte zu einem frühen Zeitpunkt erfolgen. Die bewusste Steuerung kann zu erheblichen Kostenvorteilen führen.

4.4.4.5 Die Besteuerung der Betriebsstätte jenseits der Quellensteuer

Sofern die ausländische Tätigkeit der Quellensteuer unterliegt, ist die Auswirkung der Entstehung einer steuerlichen Betriebsstätte begrenzt.

Wenn allerdings eine Betriebsstätte in Vietnam in Geschäfte einbezogen wird, die ansonsten keinen Bezug zu Vietnam haben, kann die Auswirkung sehr negativ sein. Wenn beispielsweise ein europäisches Unternehmen eine Anlage an einen Kunden in Korea verkauft und in die Abwicklung des Auftrages das in Vietnam an einem anderen Projekt arbeitende Team einbezieht, führt die Qualifizierung der Tätigkeit dieses Teams in Vietnam als steuerliche Betriebsstätte dazu, dass der koreanische Auftrag in Vietnam der KSt unterliegt. Da die Regelungen der Quellensteuer nicht greifen, ist dieses Geschäft regulär mit 20 % des Gewinns zu versteuern und der Gewinn muss nach den Grundsätzen der vietnamesischen Buchhaltung ermittelt werden.

4.4.4.6 Die drei Methoden

4.4.4.6.1 Vollständige Anwendung der vietnamesischen Buchhaltung

Nachdem das ausländische Unternehmen zulässigerweise diese Methode gewählt hat, entfallen praktisch alle Besonderheiten der Regelungen über die Quellensteuer. Die Besteuerung und Buchhaltung folgen vollständig den Regeln, wie sie für jedes vietnamesische Unternehmen gelten.

Anwendung finden der KSt-Satz von 20 % auf den berechneten Gewinn und der USt-Satz von 10 %. Vorsteuer kann geltend gemacht werden. Alle Erklärungen und Zahlungen müssen von dem Unternehmen ausgeführt werden. Der vietnamesische Vertragspartner hat die Rechnungen ohne Abzug zu begleichen.

Die USt von 10 % wird zu dem Vertragspreis addiert.

Wird diese Methode für ein Projekt gewählt, ist sie für andere Projekte ebenfalls anzuwenden. Der buchhalterische Aufwand für diese Methode ist hoch. Ihre Wahl ist nur sinnvoll bei einem hohen Umsatz und einem geringen Gewinn.

4.4.4.6.2 Pauschale Besteuerung

Diese Methode findet automatisch Anwendung, wenn keine Methodenwahl erfolgte. Nur diese Methode steht den Unternehmen offen, die keine Betriebsstätte in Vietnam unterhalten. Unter dieser Methode muss das ausländische Unternehmen sich nicht steuerlich registrieren.

Die korrekte Handhabung der Besteuerung ist vollständig vom Auftraggeber zu erledigen. Die berechneten Steuerbeträge werden von den Zahlungen an das ausländische Unternehmen abgeführt. Binnen zehn Arbeitstagen nach jeder Zahlung an das ausländische Unternehmen hat der Auftraggeber die Steuer zu erklären und abzuführen. Die im Auftrag des ausländischen Auftragnehmers einbehaltene und gezahlte USt kann als Vorsteuer durch den Auftraggeber geltend gemacht werden.

> **Praxistipp**
>
> Dass die einbehaltene USt für den Auftraggeber Vorsteuer darstellt, wird oft übersehen. Auch mancher Auftraggeber ist sich darüber nicht im Klaren. Dies sollte bei der Preisverhandlung berücksichtigt werden. Ein Vertragspreis von 100.000 € führt z. B. zum Abzug von 5000 € USt. Der Auftraggeber erhält diese als Vorsteuer. Die Kosten des Auftraggebers belaufen sich daher nur auf 95.000 €.
> Es ist ratsam, die wirtschaftlichen Absprachen mittels einer gesetzeskonformen Steuerklausel in den Vertrag einzubinden.

Im Hinblick auf seine Subunternehmer hat der ausländische Unternehmer die gleichen Pflichten wie sein vietnamesischer Auftraggeber.

Umsatzsteuer

Die Umsatzsteuer berechnet sich aus der Multiplikation des umsatzsteuerpflichtigen Umsatzes mit dem relevanten Steuersatz.

Umsatzsteuerpflichtiger Umsatz

Maßgeblich ist der auf Dienstleistungen bezogene Umsatz; sind Handelsumsätze nicht klar abgegrenzt, ist der Gesamtumsatz unter deren Einschluss maßgeblich.

Der Umsatz von vietnamesischen Subunternehmern und solchen ausländischen Subunternehmern, die sich für die vollständige Anwendung der vietnamesischen Buchhaltung oder die gemischte Methode entschieden haben, ist abzusetzen. Voraussetzung ist, dass diese Subunternehmer im Vertrag gelistet sind. Nicht abzusetzen sind Kosten für bloßen Warenbezug.

Sofern der ausländische Unternehmer einen ausländischen Subunternehmer beschäftigt und beide die pauschale Besteuerung wählen, werden beide auf der Ebene des ausländischen Unternehmers besteuert. Es wird also der Gesamtumsatz des ausländischen Unternehmers besteuert, welcher den Umsatz des ausländischen Subunternehmers umfasst. In der praktischen Handhabung bedeutet dies, dass von dem Umsatz des ausländischen

Unternehmers die gesetzlichen Abzüge vorgenommen werden und vom Umsatz des ausländischen Subunternehmers kein Abzug vorgenommen wird. Rechtstheoretisch ist es nicht richtig, aber für die praktische Handhabung eingängig, zu sagen, dass in dieser Sachlage auf den Umsatz des ausländischen Subunternehmers der Steuersatz 0 % angewandt wird.

> **Praxistipp**
>
> Frühzeitig sollte für jedes Projekt ein Schema der Vertragsbeziehungen erstellt werden, welches für jeden Vertrag die steuerliche Einordnung unter dem System der Quellensteuer ausweist.
> Im Normalfall ist die praktische Handhabung recht einfach. Der vietnamesische Auftraggeber nimmt die relevanten Abzüge von den Zahlungen an den ausländischen Auftragnehmer vor. Dieser zahlt an seine ausländischen Subunternehmer ohne Vornahme von Abzügen.

Umsatzsteuersatz
Auf den ermittelten steuerpflichtigen Umsatz werden die Steuersätze in Tab. 4.9 angewandt.

Enthält ein Vertrag verschiedene Geschäftsfelder, sind die jeweiligen Sätze auf den entsprechenden Vertragsteil anzuwenden. Kann die Abgrenzung nicht klar vorgenommen werden, ist der jeweils höchste Satz insgesamt anzuwenden. Deswegen ist ein qualifizierter Preissplit im Vertrag von großer Bedeutung.

Tab. 4.9 Sätze der Quellen-USt

Geschäftsfeld	Prozentsatz zur Berechnung der USt
Dienstleistungen, Vermietung von Geräten, Versicherung, Bauleistungen mit Anlagenbau unter Ausschluss der Lieferung von Rohstoffen, Maschinen und Anlagen	5
Produktion, Transport, Dienstleistungen in Verbindung mit Warenlieferung, Bauleistungen mit Anlagenbau unter Einschluss der Lieferung von Rohstoffen, Maschinen und Anlagen	3
Andere Geschäftsfelder	2

Unter der Methode der pauschalen Besteuerung kann keine Vorsteuer geltend gemacht werden.

Körperschaftsteuer
Für die Berechnung des der KSt unterliegenden Umsatzes gelten die Ausführungen zur USt entsprechend. Allerdings ist vor der Berechnung der KSt der Betrag der berechneten USt abzuziehen.

Die Steuersätze sind differenziert, siehe Tab. 4.10.
Enthält ein Vertrag verschiedene Geschäftsfelder, sind die jeweiligen Sätze auf den entsprechenden Vertragsteil anzuwenden. Kann die Abgrenzung nicht klar vorgenommen werden, ist der jeweils höchste Satz insgesamt anzuwenden. Deswegen ist ein qualifizierter Preissplit im Vertrag von großer Bedeutung.

Tab. 4.10 Sätze der Quellen-KSt

Geschäftsfeld	Prozentsatz zur Berechnung der KSt
Handel mit Waren, Rohstoffen, Maschinen, Ausrüstungen (im Zusammenhang mit Dienstleistungen)	1
Dienstleistungen, Versicherungen, Vermietung von Maschinen und Anlagen, Vermietung von Bohrinseln	5
Restaurant, Hotel, Kasino-Management-Service	10
Finanzdienstleistungen auf Derivate	2
Leasing von Flugzeugen, Flugzeugmotoren, Ersatzteilen von Flugzeugen und Schiffen	2
Bau und Installation ein- und ausschließlich Materialien, Baumaschinen und -ausrüstungen	2
Bau- und Installationsleistung, wenn die Lieferung von Materialien, Baumaschinen und -ausrüstungen vollständig auf Subunternehmen übertragen ist (nur Dienstleistung)	5
Sonstige Produktion und Geschäftätigkeit, Transport (auf dem See- und Luftweg)	2
Übertragung von Wertpapieren, Rückversicherung im Ausland, Provision für Rückversicherung	0,1
Darlehenszinsen	5
Copyright-Einkommen	10

4.4.4.6.3 Gemischte Methode

Unter dieser Methode wendet das Unternehmen die vollständige vietnamesische Buchhaltung hinsichtlich der USt an. Es berechnet diese voll und macht die Vorsteuer geltend. Die Buchhaltung ist diesen Anforderungen angepasst; sie muss insbesondere nicht in voller Tiefe die Kosten des Projekts erfassen, sondern lediglich im Hinblick auf die Geltendmachung vietnamesischer Vorsteuer. Die ansonsten aufwändige Differenzierung zwischen steuerlich abzugsfähigen und nicht abzugsfähigen Ausgaben hat unter dieser Methode keine praktische Bedeutung.

Hinsichtlich der KSt verbleibt es bei dem System der pauschalen Besteuerung.

Dieses Modell wird gewählt von Unternehmen, die einen hohen Anteil von Leistungen in Vietnam einkaufen und folglich mit einem erheblichen Betrag von vietnamesischer USt belastet sind.

Praxistipp

Durch die Methodenwahl eines Unternehmens in der Vertragskette ausländischer Unternehmen wird die Besteuerung der anderen Unternehmen beeinflusst. Die Folgen sollten in die jeweiligen Verträge aufgenommen werden.

4.4.4.7 Änderung der Methoden

Während der Dauer eines Vertrages kann keine Änderung erfolgen. Werden während der Ausführung dieses Vertrages neue Verträge geschlossen, müssen diese nach derselben Methode behandelt werden.

Nach einer vertragsfreien Zeit kann für Neuverträge die Methodenwahl neu erfolgen.

4.4.5 Befreiung nach dem Doppelbesteuerungsabkommen

Unternehmen können sich von der Anwendung der Quellensteuer hinsichtlich der KSt befreien lassen. Maßgebliche Voraussetzung für viele

Tatbestände ist, dass keine Betriebsstätte in Vietnam besteht oder durch die Durchführung des Vertrages begründet wird.

Insbesondere das DBA Deutschland – Vietnam bietet weitgehende Befreiungen von der KSt auch für Fälle, in denen eine Betriebsstätte in Vietnam begründet wird für Leistungen, die in Deutschland erbracht werden. Voraussetzung ist, dass die Bezeichnung der Leistungen den Formulierungen im DBA entspricht und die Leistungen gesondert bepreist sind.

Die Befreiung besteht in keinem Fall automatisch, sondern muss erfolgreich beantragt werden. Dies ist nicht einfach und erfordert die Vorlage insbesondere der abgeschlossenen Verträge unter Einschluss der vereinbarten Leistungszeit. Die ggf. erteilte Befreiung gilt nur bei Einhaltung der mit dem Antrag eingereichten Informationen.

Die Befreiung erfasst nur die Quellen-KSt, nicht aber die Quellen-USt.

> **Praxistipp**
>
> Es ist zu prüfen, ob sich die Durchführung eines Befreiungsverfahrens lohnt. Ggf. ist es sinnvoller, eindeutig eine Betriebsstätte zu begründen und dann vom Verbot der doppelten Besteuerung im Heimatland zu profitieren.
>
> Wenn ein Befreiungsantrag gestellt werden soll, ist dieser frühzeitig zu stellen. Das Verfahren ist aufwendig.

4.5 Steuer auf grenzüberschreitende digitale Wirtschaftstätigkeit

Auch dies ist keine besondere Steuer. Auch global im Internet tätige Unternehmen unterliegen der vietnamesischen USt und KSt. Allerdings wurde diese Verpflichtung in der Vergangenheit kaum beachtet und kaum durchgesetzt.

Die der Durchsetzung der Besteuerung dienenden Regelungen finden Anwendung, wenn das Unternehmen einen Internetauftritt mit der Domainendung .vn nutzt, Vietnamesische Sprache nutzt oder mehr als 100.000 Transaktionen in einem Jahr hat. Unter diesen Voraussetzungen gilt:

- Der Anbieter von digitalen Dienstleistungen muss in Vietnam ein Repräsentationsbüro registrieren oder einen steuerlichen Vertreter benennen. Die sich ergebende Steuer wird in diesem Fall vom ausländischen Unternehmen direkt gezahlt, oder durch den steuerlichen Vertreter.
- Wenn ein ausländischer Anbieter sich nicht zur direkten Besteuerung registriert hat und auch keinen steuerlichen Vertreter benannt hat, muss die Geschäftsbank oder das Kreditkartenunternehmen, bei Ausführung der Überweisung für einen Privatkunden die Steuer einbehalten und abführen.
- Ist der Kunde ein in Vietnam registriertes Unternehmen, finden die Regelungen der beschriebenen Quellensteuer Anwendung, solange der ausländische Anbieter sich nicht zur direkten Steuerzahlung registriert hat. Dies gilt auch dann, wenn die genannten Bedingungen nicht erfüllt werden insbesondere auch für den Bezug von Dienstleistungen bei Unternehmen mit weniger als 100.000 Transaktionen im Jahr.

Das Finanzministerium veröffentlicht, welche Unternehmen sich steuerlich registriert haben. Geschäftskunden, Banken und Finanzdienstleister müssen diese Veröffentlichung prüfen, bevor sie eine Bezahlung ohne Abzug vornehmen.

4.6 Sonstige Steuern

4.6.1 Spezielle Verbrauchssteuer

Eine spezielle Verbrauchssteuer wird erhoben auf bestimmte Waren. Diese Steuer stellt einen Teil der Berechnungsgrundlage für die USt dar, die also noch hinzukommt. Erfasst sind diese

- Zigaretten, Zigarren und andere Produkte aus Tabak
- alkoholische Getränke einschließlich Bier
- Kraftfahrzeuge für den Personentransport mit weniger als 24 Plätzen

- Zwei- und dreirädrige Kraftfahrzeuge mit einem Hubraum ab 125 cm^3
- Flugzeuge und Yachten für den zivilen Gebrauch
- Benzin und andere Raffinerieprodukte
- kleinere Klimaanlagen
- Spielkarten
- Dienstleistungen des Betriebes von:
  - Diskotheken und Tanzveranstaltungen
  - Massage- und Karaoke-Salons
  - Kasinos und Geldspielautomaten
  - Wettgeschäften
  - Golfplätzen einschließlich des Verkaufs von Mitgliedschaften und Eintrittskarten
  - Lotterien

4.6.1.1 Ausnahmen von der speziellen Verbrauchssteuer

Von der speziellen Verbrauchssteuer ausgenommen sind Waren, welche

- direkt an ein für den Export produzierendes Unternehmen verkauft und anschließend exportiert werden,
- für den Export produziert und tatsächlich exportiert werden,
- im Ausland auf Ausstellungen oder Messen verkauft werden,
- für folgende Zwecke importiert werden:
  - humanitäre Hilfe,
  - Geschenke von ausländischen Organisationen oder Einzelpersonen an staatliche Stellen, politische und soziale Organisationen, die Armee,
  - Besitz ausländischer Organisationen und Einzelpersonen, die diplomatische Privilegien und Immunität genießen,
  - persönliche Gebrauchsgegenstände
- im Transit über vietnamesisches Territorium bewegt werden,
- vorübergehend für die spätere Wiederausfuhr eingeführt werden,

- vorübergehend für Zwecke der Teilnahme an Messen oder Ausstellungen importiert werden,
- in eine Sonderwirtschaftszone für Exportproduktion oder an ein Unternehmen, welches für den Export produziert, geliefert werden. Sonderbestimmungen sind zu beachten,
- eingeführt werden zum Verkauf in Duty-Free-Shops an internationalen Seehäfen oder Flughäfen.

Um die Steuerbefreiung zu genießen, muss erfolgreich ein entsprechender Befreiungsantrag gestellt worden sein.

4.6.1.2 Berechnung der Steuer

Durch das mit der EU vereinbarte Freihandelsabkommens (EVFTA)[5] verlieren diese speziellen Verbrauchssteuern an Bedeutung.

4.6.2 Zölle

4.6.2.1 Einleitung

Das Zollwesen Vietnams ist traditionell bürokratisch und schwierig zu handhaben. Im Hinblick auf die abgeschlossenen Freihandelsabkommen hat eine völlige Umgestaltung des Zollwesens in Vietnam eingesetzt. Binnen kürzester Zeit versucht Vietnam nachzuholen, was in anderen Ländern viele Jahre der Entwicklung benötigt hat. Die Gesamtheit der Vorschriften ist in Überarbeitung. Dieser Prozess ist nur teilweise abgeschlossen. Eingeführt werden moderne Instrumente wie:

- Vorabentscheidungen zu Verzollungsfragen
- Abgabe von Zollerklärungen im elektronischen Verfahren
- Zugriff verschiedener Behörden auf denselben vom Unternehmen gestellten Datensatz für verschiedene Verwaltungsvorgänge (*single window*)

---

[5] Der Volltext des Abkommens ist zu finden unter https://eur-lex.europa.eu/legal-content/DE/TXT/?uri=OJ:L:2020:186:TOC.

Die Entwicklung ist fortlaufend und sehr ambitioniert. Die bisher sehr bedeutende Funktion des örtlich zuständigen Zöllners tritt mehr und mehr in den Hintergrund.

Zwar kann das Unternehmen elektronische Erklärungen binnen bestimmter Zeit korrigieren, die ursprünglichen Eingaben bleiben erhalten. Kontrollen werden – ebenfalls elektronisch – auch zentral und ohne persönlichen Bezug durchgeführt werden. Gemäß den Freihandelsabkommen werden ausländische Zollverwaltungen in Vietnam produzierende Betriebe hinsichtlich der Einhaltung bestimmter Zollvorschriften durch örtliche Kontrollen überprüfen. Der vietnamesische Zoll leistet in diesen Fällen lediglich technische Hilfe.

> **Praxistipp**
> Die korrekte Handhabung der Verzollungsfragen setzt zunehmend eine sehr hohe Kompetenz voraus. Der vielfach auch heute noch erteilte Rat, wonach das gute Verhältnis zur örtlichen Zollbehörde absolut maßgeblich sei, wird bald überholt sein. Zwar bleibt dieses bedeutsam, die Notwendigkeit der kompetenten Handhabung steigt aber sehr stark an, da die Funktion übergeordneter und internationaler Zollkontrollen stark zunehmen wird.
> Der Aufbau eines konzernumfassenden Zoll-Risikomanagements ist zwingend.

Insbesondere die Ausführungen zu Zollfragen unterliegen einem raschen Aktualisierungsbedarf. Sie werden hier daher auf das Wesentliche beschränkt.

4.6.2.2 Zollpflichtige Personen und Institutionen

Unternehmen und Einzelpersonen, welche am Im- oder Export von Waren beteiligt sind, sind zu deren Verzollung verpflichtet. Die Zahlung obliegt insbesondere:

- Eigentümern von im- oder exportierten Waren
- Händlern, welche im- oder exportierte Waren im Auftrag erhalten

- Personen, welche Waren bei Überschreitung der Grenze im- oder exportieren oder Waren über die Grenze senden oder empfangen
- bei Verbringung von Waren aus dem Inland in eine Freihandelszone oder besondere Wirtschaftszone oder aus einer solchen heraus

Personen und Unternehmen, welche berechtigt sind, die Entrichtung der Zölle zu garantieren, oder diese für Rechnung des Zollpflichtigen entrichten, sind:

- autorisierte Zollagenten
- internationale Post- und Kurierdienste
- Banken

4.6.2.3 Berechnung des Zolls

Grundlage für die Berechnung der Zollabgaben sind der zollpflichtige Wert, die relevante Menge sowie der maßgebliche Zollsatz.

Aufgrund besonderer Vorschriften und Erwägungen können Beträge für Sicherheitsleistung, „Antidumping" etc. hinzugerechnet werden.

Zollpflichtiger Wert
Im Falle der Ausfuhr ist maßgeblich der im Vertrag angegebene Preis. Für die Einfuhr ist der Preis der Ware einschließlich des Transports zum vietnamesischen Hafen maßgeblich.

Steht der Wert nicht fest, wird der maßgebliche Wert unter Heranziehung des Wertes von identischen oder vergleichbaren Waren ermittelt. Erscheint der vertraglich angesetzte Wert nicht plausibel, wird dieser korrigiert.

Praxistipp
Insbesondere die Festlegung konzerninterner Preise bedarf hoher Sorgfalt und ausführlicher Dokumentation der Berechnung, um ggf. die Zollverwaltung von der Korrektheit zu überzeugen.

Zollsätze
Die Zollsätze unterscheiden sich je nach angewandtem Freihandelsabkommen. Da im Verhältnis zu manchen Ländern mehrere Abkommen mit unterschiedlichen Sätzen und Voraussetzungen gelten, ist eine sorgfältige Planung im Einzelfall notwendig. Hinsichtlich von Einzelheiten wird auf den Abschn. 2.3 Bezug genommen.

4.7 Prüfung von Verrechnungspreisen

Die vietnamesischen Steuerbehörden legen einen Schwerpunkt ihrer Prüfungen auf diesen Bereich. Die Arbeit erfolgt in sehr enger internationaler Kooperation mit den Behörden anderer Länder und mit dem erklärten Ziel, die Steuereinnahmen deutlich zu erhöhen. Im Wesentlichen folgen die vietnamesischen Vorschriften den Richtlinien der OECD.

> **Praxistipp**
>
> International tätige Unternehmen müssen sich auf eine immer intensivere Prüfung der Verrechnungspreise in allen Staaten ihrer Tätigkeit einstellen; das schließt Vietnam ein. Es ist notwendig, eine umfassende Strategie für den Konzern sowie für jedes Land zu entwickeln.

> **Ihr Transfer in die Praxis**
>
> - Eine sehr genaue Buchhaltung ist zwingend. Es ist nicht einfach, diese vom Ausland aus zu kontrollieren.
> - Für nahezu alle Geschäftsfälle müssen die Vereinbarungen schriftlich verfasst werden.
> - Die formalen Anforderungen sind hoch und der Aufwand für die korrekte Buchhaltung ist erheblich höher als in Europa.

5

Projektgeschäft

> **Was Sie aus diesem Kapitel mitnehmen**
> - Die rechtlichen und steuerlichen Rahmenbedingungen für Unternehmen, die im Anlagenbau große Projekte in Vietnam durchführen, ohne in Vietnam eine Niederlassung zu haben.
> - Die Besonderheiten eines Projekts, welches in Vietnam als Bauleistung qualifiziert wird.

5.1 Allgemeines

Besondere wirtschaftliche Bedeutung für deutschsprachige Unternehmen hat das Projektgeschäft im Anlagenbau. Dieses verbindet die Lieferung von sehr qualifizierter Technik mit Ingenieur- und anderen Dienstleistungen. Die weitere wirtschaftliche Entwicklung bringt es mit sich, dass die Nachfrage für diesen Bereich hoch bleiben und wahrscheinlich sogar steigen wird.

Vermehrt werden in Vietnam Produktionsbetriebe geplant. Deren Errichtung erfordert diesen qualifizierten Anlagenbau. Auch wenn die europäischen Unternehmen Tochtergesellschaften in Vietnam haben, sind diese Tochterunternehmen in aller Regel nicht in der Lage, diesen Anlagenbau durchzuführen. Deren Tätigkeit beschränkt sich daher meist auf Wartungsarbeiten nach Übergabe der Anlage und andere untergeordnete Dienstleistungen.

Die rechtlichen und tatsächlichen Rahmenbedingungen für diesen Geschäftsbereich sind nicht einfach.

Die Anforderungen sollen hier im Zusammenhang dargestellt werden. Themen, die bereits an anderer Stelle erläutert werden, sind hier entsprechend kurz einbezogen.

5.2 Rechtliche Rahmenbedingungen

Oft werden diese Leistungen als Bauleistungen zu qualifizieren sein. In diesen Fällen gelten besondere Zulassungsvoraussetzungen.

Die steuerliche Planung des Vorhabens erfordert bereits in der Angebotsphase exakte Planungen unter Berücksichtigung der Quellenbesteuerung und der Vorschriften der einschlägigen Doppelbesteuerungsabkommen.

Die Planung des Personaleinsatzes muss die rechtlichen und praktischen Anforderungen berücksichtigen.

5.3 Bauleistungen

Die Definition von Bauleistungen im vietnamesischen Recht umfasst neben den klassischen Bauleistungen die Planung von Anlagen, die Installation und die Überwachung von Installationsleistungen. Daher ist der Anwendungsbereich der auf Bauleistungen bezogenen Vorschriften sehr breit und umfasst die meisten Verträge über Anlagenbau.

Erforderlich ist für diese Fälle, dass vor Aufnahme der Arbeiten in Vietnam, eine Genehmigung der Durchführung der Arbeiten erfolgt. Diese Genehmigung bezieht sich nur auf einen Vertrag und muss für ein neues Projekt neu beantragt werden. Diese Genehmigung wird allgemein „Operating License for Construction" genannt und mit der Kurzbezeichnung als OLC. Höchstrichterlich ist entschieden, dass ein Vertrag, der dieser Genehmigung bedarf, rechtlich nichtig und damit nicht durchsetzbar ist, wenn die Genehmigung fehlt.

Nach Erteilung der Genehmigung muss ein spezielles Baubüro registriert werden. Dieses wird „Project Management Office" genannt und mit der Kurzbezeichnung PMO. Für dieses Büro erhält der Antragsteller ein Siegel und mittels dieses registrierten Baubüros kann das ausländische Unternehmen in Vietnam ein Bankkonto eröffnen.

5.3.1 Die Genehmigung zur Vertragsdurchführung

Für die Erteilung des OLC müssen Voraussetzungen erfüllt sein. Der Antragsteller muss:

- über die erforderlichen und einschlägigen Erfahrungen verfügen. Diese müssen nachgewiesen werden durch Benennung durchgeführter Projekte.
- gemäß den Vorschriften des Heimatlandes zur Erbringung dieser Leistungen berechtigt sein.
- ein vietnamesisches Bauunternehmen als Subunternehmer Beschäftigung oder mit einem solchen Unternehmen ein Konsortium oder eine ähnliche Zusammenarbeit vereinbart haben. Dieses vietnamesische Unternehmen muss für die Erbringung der gesamten vertraglichen Leistungen zugelassen sein, nicht nur der an dieses Unternehmen beauftragten Leistungen.

Neben weiteren formalen Voraussetzungen muss der Leistungsvertrag vorgelegt werden. Die Antragstellung ist aufwändig.

5.3.2 Das Baubüro

Für die Registrierung des Baubüros muss eine Örtlichkeit und ein Leiter des Büros benannt werden. Nach Erteilung des Siegels wird das Bankkonto eröffnet.

Das Unternehmen kann unter Verwendung des Namens und der Adresse des Baubüros Verträge mit Zulieferern und Mitarbeitern schließen.

Da dieses Baubüro keine rechtlich selbstständige Einheit darstellt, sind diese Verträge rechtlich betrachtet mit dem ausländischen Unternehmen geschlossen. Dies ist hinsichtlich der Arbeitsverträge auch unter Berücksichtigung der heimatlichen Arbeitnehmerschutzvorschriften zu prüfen. Es ist nicht auszuschließen, dass diese teilweise auch für in einer ausländischen unselbstständigen Betriebsstätte Beschäftigte gelten.

Mit Registrierung des Büros hat das Unternehmen unabhängig von anderen Voraussetzungen eine steuerliche Betriebsstätte in Vietnam begründet.

5.4 Personaleinsatz in Vietnam

5.4.1 Arbeitserlaubnis und Befreiungen

Wenn ein Ausländer in Vietnam arbeitet, benötigt er vor Aufnahme der Arbeit eine Arbeitserlaubnis, sofern keine Ausnahme greift. Da die Erteilung der Arbeitserlaubnisse zunehmend schwierig und langwierig ist, sind die Ausnahmetatbestände von erheblicher Bedeutung.

Diese Anforderungen gelten für alle berufstätigen Personen. Dies schließt Personen ein, die nicht direkt auf der Baustelle arbeiten.

Die für diesen Bereich wichtigen Ausnahmevorschriften sind:

- Einsatz von unter 30 Kalendertagen in Vietnam. Diese Ausnahme kann bis zu dreimal in einem Jahr genutzt werden. Für diese Ausnahme ist keine Genehmigung einzuholen.
- Einsatz zur Behebung eines technischen oder sonstigen Problems auf der Baustelle. Diese Befreiung gilt bis zur Behebung des Problems aber längstens bis zu drei Monaten. Für diese Befreiung muss ein begründeter Antrag bei der Verwaltung eingereicht werden.

Einkommensteuer
Jede Person, deren Einkommen aus einem Projekt in Vietnam entsteht, unterliegt der Steuerpflicht in Vietnam. Dies gilt jedenfalls für Personen, die aus beruflichen Gründen nach Vietnam kommen. Wo die Zahlung erfolgt, ist ohne Belang. Es gibt keinen Schwellenwert und keine Befreiung für Geschäftsreisende. Unter den gegebenen Voraussetzungen kann eine Befreiung unter dem einschlägigen Doppelbesteuerungsabkommen beantragt werden. Diese wird in keinem Fall automatisch angewandt.

Die Rechtslage zur Steuerpflicht auch bei Kurzzeitaufenthalten ist klar. Allerdings wird diese Verpflichtung weitgehend ignoriert und dieser Umstand wird von den Behörden wohl zumeist toleriert.

Bei Schließung des PMO nach Abschluss des Projekts erfolgt eine Steuerprüfung. Wenn aus den steuerlichen Unterlagen des PMO ersichtlich ist, dass für Personen, die im Rahmen des Projekts in Vietnam waren, keine Einkommensteuer entrichtet worden ist, muss dieser Mangel behoben werden, bevor das PMO geschlossen werden kann. Die Steuer ist in diesen Fällen nebst Strafen und Zinsen nachzuentrichten.

5.4.2 Quellensteuer

Von erheblicher wirtschaftlicher Bedeutung ist die richtige Ausrichtung des Vertragswerkes bereits in der Angebotsphase auf die anfallende Quellensteuer. Die Einzelheiten sind im Abschn. 4.4 behandelt.

Da die Wahl der Besteuerungsmethode die Art der Rechnungslegung beeinflusst, muss Klarheit über die Methodenwahl bestehen und die Steuerklausel muss die in Betracht kommenden Optionen berücksichtigen.

- Falls es bei der pauschalen Besteuerungsmethode verbleibt, muss der Rechnungsbetrag die Quellensteuer beinhalten. Der Vertragspreis muss dementsprechend so definiert werden, dass dieser sich aus einem vereinbarten Nettobetrag durch Bruttorisierung errechnet.

- Bei Anwendung einer der beiden anderen Methoden muss die USt von 10 % auf den vereinbarten Nettobetrag berechnet werden.

Da in Ausschreibungen in der Regel der Bruttopreis einschließlich der USt anzugeben ist, muss eine sorgfältige Planung und Berechnung vor der Abgabe des Angebots erfolgen. In manchen Fällen hat es sich als sehr nachteilig erwiesen, dass der Anbieter nach Erteilung des Zuschlags die Steuermethode von der Pauschalen zur Hybriden Methode gewechselt hat. Dies hat eine Erhöhung des USt-Anteils von unter 5 % auf 10 % zur Folge. Die erhöhte USt geht dann vollständig zu Lasten des Auftragnehmers, obwohl der Auftraggeber den Vorteil der erhöhten Vorsteuer hat.

Die Höhe der anfallenden Quellensteuer wird maßgeblich durch eine den Voraussetzungen entsprechende Aufteilung des Vertragspreises bestimmt. Für unterschiedliche Leistungsteile gelten unterschiedliche Steuersätze. Werden verschiedene Leistungsteile in einem Preis zusammengefasst, wird dieser Leistungsteil mit den höchsten für die Teile geltenden Satz besteuert.

In der Regel ist der vietnamesische Kunde der Importeur der Anlagenteile. Dann ist er als Importeur gesetzlich mit der Einfuhrumsatzsteuer von 10 % belastet sowie mit den Zollabgaben, falls solche anfallen. In dieser Konstellation ist durch den ausländischen Partner auf die Anlagenteile bei Anwendung der Hybriden Methode keine USt zu berechnen und der vietnamesische Partner hat im Fall der Anwendung der Pauschalen Methode von dem für die Anlagenteile berechneten Betrag keine USt in Abzug zu bringen. Falls der ausländische Partner auch der Importeur der Anlagenteile ist, muss dieser die Einfuhrumsatzsteuer entrichten und auf den Preis der Anlagenteile die USt von 10 % berechnen. Dies ist im Fall der Vereinbarung eines Bruttopreises ein ganz erheblicher Unterschied.

Zudem gelten für die Befreiungen unter Doppelbesteuerungsabkommen besondere Anforderungen. Die befreiten Leistungsteile müssen exakt entsprechend dem Abkommen definiert und gesondert bepreist sein.

Das Doppelbesteuerungsabkommen Deutschland – Vietnam enthält weitreichende Befreiungen, die teilweise auch dann gelten, wenn das Projekt als steuerliche Betriebsstätte in Vietnam einzustufen ist.

Tab. 5.1 Beispiel einer Preisaufteilung in einem Vertrag über Anlagenbau

Aufteilung Vertragspreis unter Geltung des Doppelbesteuerungsabkommens Deutschland – Vietnam			
Leistung	Quellen USt	Quellen KSt	KSt-Befreiung
Technische Ausrüstung	Keine USt	1 %	ja, auch wenn eine Betriebsstätte besteht.
Entwicklungs-, Planungs-, Konstruktions-, und Forschungsleistungen oder technischen Dienstleistungen, die in Deutschland erbracht werden.	3 %	5 %	
Installation der Anlage	3 %	2 %	
Sonstige Dienstleistungen im direkten Zusammenhangen mit den Anlagengütern	3 %	5 %	
Garantie	5 %	5 %	
Andere Dienstleistungen	5 %	5 %	
Internationaler Transport einschließlich Transport in Vietnam, wenn dieser vom Ausland bis zum Erfüllungsort geleistet wird	Keine FCWT-USt	2 %	
Transport in Vietnam	3 %	2 %	

Eine Aufteilung des Gesamtpreises kann daher für einen Anbieter aus Deutschland z. B. so aussehen (Tab. 5.1):

> **Ihr Transfer in die Praxis**
>
> - Die steuerliche Belastung eines Projekts und die rechtlichen Anforderungen an dessen Genehmigung sollten vor Angebotserstellung genau geprüft werden.
> - Die genaue Formulierung des Vertrages ermöglicht unter Anwendung der Doppelbesteuerungsabkommen erhebliche Steuerbeschränkungen oder -befreiungen, besonders für Unternehmen aus Deutschland.

The manufacturer's authorised representative in the EU is Springer Nature Customer Service Centre GmbH, Europaplatz 3, 69115 Heidelberg, Germany. If you have any concerns regarding our products, please contact ProductSafety@springernature.com

Printed and bound by CPI Group (UK) Ltd, Croydon, CR0 4YY
25/03/2026
02078185-0005